今吾所讲者，乃政治之学，非为政之术，故其途径，与古人言治不可混同。吾将视各种国家，凡古今所发现者，如动植学家之视虫鱼草木。

ZHIJI YU FUDENG

秩级与服等

阎步克／著

陕西新华出版传媒集团
陕西人民出版社

阎步克，历史学博士，北京大学中国古代史研究中心教授，教育部长江学者特聘教授，国家教学名师。

序

2008年遵陈平原先生之命，选择若干论文，编成了一本十万多字的《官阶与服等》，纳入“三联人文书系”，由香港三联书店出版了繁体字版。此后复旦大学出版社又出版了简体字版。今年初，陕西人民出版社与我联系，表示愿意再版这部小小的论文集，并建议做适当增补。于是我以原先的所选论文为基础，增加了三篇。书名改为《秩级与服等》，以便更加确切地反映论文内容。

在选编《官阶与服等》之前，我学习与思考的主要问题，已集中到战国、秦汉、魏晋南北朝的爵秩班品之类，以及冠服等级制上来了。书名就反映了当时的研究兴趣所在。直到现在，兴趣尚未转移。最初我把爵秩班品这样的研究对象，定性为“官僚等级管理制度”。之所以加上了“管理”二字，是用以表明其所涉及的是政治行政制度问题，而非社会等级或阶层的问题。我在校内开了一门研究生课，便是名为“官僚等级管理制度研究”的。但近年来，我逐渐感觉这个提法不妥，因为爵秩班品的应用对象并不限于官吏，至少还包括贵族在内，此外还应用于纷繁多样的各色人等。另外，周代也在我的视野之内，而我并不认为春秋以上的行政制度已是“官僚制度”了。于是又想出了一个新办法，用“官贵”取代“官僚”，即称“官贵等级管理制度”。“贵”可以把贵族涵盖在内。朝廷每每以名位衔号来表彰尊崇者，哪怕是文武官吏之外的社会贤达、民间耆老，一旦得到名位衔号，其地位身份就将由此而“贵”，进入“贵”字涵盖之内了。

“官贵等级管理制度”是传统政治体制的一个侧面。这侧面初看上去相当冷僻，可供开掘的余地似乎并不很大。但我稍微深入进去，随即就感觉细节繁杂、头绪百出。除了历代各种变换无定、形形色色的品位设置，若把各种加官、头衔、尊号，各色等级礼制，以至所有等级意义的现象，全都纳入视野的话，需要澄清的东西仍是非常之多的，即便一般了解，也非我余生力所能及的。尤其还存在着理论问题：面对看上去散漫无章、纷繁歧异的品位设置和等级现象，如何找到新视角、构建新框架，令其一清如水、纲举目张？

我个人的精力，除了投注于所发现的若干实证问题之外，对理论问题也有兴趣。在理论问题上，我的感受是“技术原理”的揭示往往有提纲挈领之效。从结构功能的角度看，“制度”宛如由若干零件组装起来的一台机器，其组装必定要遵循若干基本原理，才能发挥预定功能。钟表店里的钟表千姿百态，马路上的车辆形形色色，但作为钟表，作为车辆，它们的各自功能，都分别基于特定的“技术原理”。制度也是如此，官贵等级管理制也是如此。在技术层面探索其“原理”，以此为突破点，进而深化对某一品位设置的政治、社会、文化意义的认识，就构成了自己的个人风格。本论文集包括两组文章，分别涉及了“秩级”与“服等”。两组文章都体现了我的一种努力：从结构、功能视角解析研究对象，发掘、揭示各种类型的“原理”。

第一组文章主要是探讨汉代秩级的。在这类研究中，主要贯彻“品位—职位”原理。任何组织都存在着两大结构：职位结构与人员结构。品级的功能就是为职位分等分类、为人员分等分类。给职位分等的级别设置，属“职位分等”；给人员分等的级别设置，属“品位分等”。我由此推演，提出强势皇权与工具型官僚的结合，与“职位分等”具有更大亲和性；弱势皇权与自利型官僚的结合，与“品位分等”具有更大亲和性。由此出发，将周朝以来三十个世纪的历代品位结构变迁，分成了五大阶段。对秦汉秩级的研究，就是这个工作的一个局部。

由此，个人对历代品位结构的思考深入了一些，随即又感到，虽然社会科学中有“品位”“职位”概念可供利用，但总的说来，西方现代行政学、组织学和官僚政治理论对人类社会中的品位现象的认识，比之中国史料所见丰富的品位设置、等级现象，仍是过于简略了。在这个地方存在着一片很大的灰色区域，可供进一步提炼总结。为此我又写作了《中国古代官阶制度引论》一书，对古代品位研究的方法、概念和体系在“技术原理”层面进行了系统建构。这使我在面对每一个制度细节之时，都能在自己的体系中为其定性定位。我相信书中所阐述的若干“原理”，不仅适用于中国古代，也可以用来分析各个社会的一般品位现象。由此我就不仅仅是“借鉴”或“引入”现成的相关社会科学理论，而是用自己的建构来引导自己的研究了。

第二组中的四篇文章，事涉“服等”，即王朝服装等级制，或说“冠服体制”。古人云：“文物煌煌，仪品穆穆，分别礼数，莫过舆服。”(《南齐书·舆服志》)很多史书都专设“舆服志”，这也是舆服在传统等级生活中的重要作用所形成的。对于古代冠服等级制，学者当然已经有了很多阐述，但若仅仅指出冠服的使用依据品秩勋爵之高下，还是有失简单了。

为更精细地刻画冠服等级制的特征及变迁，我从“原理”层面提供了一个模式，由“自然分类”“职事分类”“场合分等”与“级别分等”等四个概念构成。“自然分类”是生活环境自然造成的。从事不同工作的人穿着不同服装，是为“职事分类”。由活动与场所的庄重程度形成的服装差异，可称“场合分等”。在同一样式的服装上用不同等级元素表达品级之高下，则名之为“级别分等”。透过这个框架，我做出了这一阐述：周代冠服体制的特点是“自然分类”与“级别分等”；而秦汉冠服体制，“自然分类”与“职事分类”的色彩是相对较为浓厚的；汉唐以降，“场合分等”与“级别分等”逐渐强化起来了。具体的考察论证，参看“服等”部分的前两篇文章。

“服等”部分的后两篇文章，专论《周礼》一书所载“六冕”礼制。绝大部分中国服装史著作，都把“六冕”礼制认作周代冕服制度的实录。本人的看法截然相反，认为“六冕”礼制只是《周礼》作者的个人建构。我进而采用“结构化”思维，致力于揭示另一类型的“技术原理”。在文章中，我开启了这样一种方法：把“六冕”礼制视为一个结构，将之解析为若干因子，如冕名、服章、旒数、玉数、服冕者的身份、穿着冕祭祀的对象及用冕场合，破解各个因子的组合关系与使用规则。然后向前追寻，去看这个结构如何生成；再向后追寻，考察历代经学家对“六冕”的各种认知和历代王朝对“六冕”的不同态度。

观察礼书所见古代礼制的这一方法，相信能够拓宽所谓“周礼”的研究空间。目前我的一位学生便采用类似的方法，探索《周礼》所见“六乐”礼制。具体说来，是把“六乐”视为一个结构，从中解析出七种乐名、六代帝王、六种祭祀、六律六吕、八音、九变、五音等七个结构因子，随即讨论其生成原理与结构关系，及“六乐”在历代的流衍变迁。而在近日，我又写成了一篇新作，讨论先秦礼书所见“五爵”的命名原理。“五爵”即爵、觚、觯、角、散，是饮酒礼上所使用的五种饮酒器。我提出，“五爵”袭用了商与西周的爵、觚、觯、角、斝之名，实际已是容量概念了。“五爵”的命名原理，可概括为“容量化器名”，它们变成了一升、二升、三升、四升、五升这五等饮酒器的代称。对“五爵”礼制的生成过程、功用，尝试提出了若干解释。

其实，“技术原理”的提法并不诡异。研究经济史，多少就得了解一点一般经济学原理吧；研究人口史，多少就得了解一点一般人口学原理吧。制度史亦然。有朋友说，阎步克没有学成理工科，不气馁，最终把历史学弄成了理工科。这虽是玩笑话，我倒挺乐意认可。我个人可能确有比较浓厚的社会科学以至自然科学的思维风格。选择从事研究工作的动机之一，就是满足好奇心，体验“发现”的快乐。那么，任何能揭示未知奥秘的方法路数，都不妨尝试。我一向服膺严复的这样一段话：“学者，即物而穷理，即前所谓知物者也。术者，设事而知方，即前所谓问宜如何也。……今吾所讲者，乃政治之学，非为政之术，故其途径，与古人言治不可混同。吾将视各种国家，凡古今所发现者，如动植学家之视虫鱼草木。”(《政治讲义》)自己的制度史研究的旨趣，同样“乃政治之学，非为政之术”，那么就不妨“即物而穷理”，“如动植学家之视虫鱼草木”。一笑。

2019 年 5 月 15 日

目录

秦汉官吏为什么用“若干石”为等级？/ 001

论汉代禄秩之从属于职位 / 013

汉代禄秩之从属于职位补论 / 039

爵级、禄秩、官品：从爵本位到官本位 / 073

中国古代官阶研究的若干设想 / 095

分等分类视角中的汉唐冠服体制变迁 / 135

隋朝冠服“四等之制”辨——兼论唐朝服等 / 181

中古“古礼复兴运动”——以《周礼》六冕制度为例 / 207

君臣通用与如王之服：《周礼》六冕的结构生成 / 227

秦汉官吏为什么用“若干石”为等级?

秦汉王朝用“若干石”的禄秩做官阶，来区分官僚们的等级高下。例如刺史是六百石，九卿是中二千石，郡守则是二千石，以致“二千石长吏”几乎成了郡守的代称了。稍微了解古代官制的人对这些都不会陌生。不过，不知有没有人想过这样的问题：为什么秦汉官阶直接以俸禄额度“若干石”为标尺，而另一些品级尺度，就不是这样了呢？事物的差异总会有内在原因，只等待着人们把它发掘出来。禄秩以“若干石”为等差，就反映了先秦贵族政治到战国秦汉官僚政治的历史转型，反映了秦汉帝国“以吏治天下”的政治特色。

禄秩是从先秦萌芽的，但周王朝典型的官员等级制却不是禄秩。周朝的官员体制已颇具规模，各种官职间存在着高下统属关系。当然，存在着一般统属关系，和已形成充分形式化的等级尺规，那还是不相同的。大约在西周晚期，便逐渐开始用公、卿、大夫、士这样的序列形式，作为贵族官员身份高下的尺度了。《白虎通义》把这个等级称为“内爵”：“公、卿、大夫者何谓也？内爵称也。”(《爵》篇)“内”是相对于公、侯、伯、子、男五等爵而言的。正像贾谊所说：“古者圣王制为列等，内有公、卿、大夫、士，外有公、侯、伯、子、男，然后有官师小吏。”(《新书·阶级》)大夫与士，又有上大夫、中大夫、下大夫，上士、中士、下士之类区分。按《周礼》的记载，“大宰”这种官的资格是“卿”，小宰和司会二职为“中大夫”之位，宰夫、大府、内宰则需要“下大夫”来担任。因此，可以把这个“制为列等”的“内爵”，看成是中国历史上最早的一种官员等级形式。

“爵”这种东西本来是一种酒器。“乡饮酒礼”是早期社会强化尊卑贵贱观念的重要活动，也具有元老会议的性质；乡饮酒礼上敬酒行爵，当然要依照尊卑位次了，这就构成了最原始的爵列、爵序。乡饮酒礼又称飨礼，而乡、飨和作为爵称的“卿”本是同一个字，作二人共食之形，象征着氏族聚落中的共同饮食行为；“乡大夫”在史籍也写作“卿大夫”，所以“卿”实际就是“乡老”的称谓，他们是乡饮酒礼即“飨礼”之上，氏族和国君所尊礼的对象。[①] 至于“士”这个爵称，最初的意思是“男子之大号”，即成年男子的美称；“夫”的意思是男子，可想而知“大夫”有“大人”之意，“公”则是元老之称。由此看来，公、卿、大夫、士等爵称，最初都来自人之尊称。

---

① 杨宽：《西周史》，上海人民出版社 1999 年版，第 749—751 页。

以人的尊称为等级之称，暗示这种等级是以“人”为本的，也就是以贵族的传统政治社会地位为本。这跟秦汉月俸径直以“若干石”为等级尺规的用意，大不相同。周代贵族也依据等级而享有不同礼遇，如大夫三庙、士一庙，如卿执羔、大夫执雁、士执雉之类。若是从报酬形式说，大夫主要享有采邑，士主要是享有禄田，《国语·晋语四》中的“大夫食邑，士食田”就是这个意思。大贵族的采邑结构是很复杂的，包括大量的土地、农民、家臣和私兵。孟子曾提到过“百乘之家”“千乘之家”，这些大夫出得起百乘、千乘的兵车，他们的“家”简直就跟国中之国似的。但无论是封给大夫的采邑还是授给士的禄田，其数量都不构成等级的名目。比如说某国的卿一般是拥有“百邑”，低一等大臣的采邑数量则是“六十”，但他们的身份依然以“卿”或“大夫”为标志，而不称作“百邑之官”或“六十邑之官”。

其实，约略类似于秦汉月俸的那种报酬方式，在周代也不是一点影子没有。有一种称为“稍食”的东西构成了其萌芽形态，它在当时是面对胥吏的。周代拥有爵位的贵族士大夫之下，还有一大群无爵的胥吏存在。前引贾谊《新书·阶级》“内有公、卿、大夫、士……然后有官师小吏”一语中的“官师小吏”即是这个层次，又如《左传》中所谓的皂、舆、隶、僚[①]，《周礼》中所见的府、史、胥、徒。他们为官府承担具体行政，

---

① 《左传》昭公七年（前535年）楚无宇云：“故王臣公，公臣大夫，大夫臣士，士臣皂，皂臣舆，舆臣隶，隶臣僚，僚臣仆，仆臣台，马有圉，牛有牧。”

以至各种细小的职事差役。现代社会中高级官员和低级官员本来只是行政等级之分，但在贵族政治下，有爵的士、大夫与无爵的“吏”间却有一道身份性鸿沟。与占有采邑、禄田的士大夫不同，根据《周礼》的记载，无爵的府、史、胥、徒以领取“稍食”为生。

所谓“稍食”，是对服事者提供的一种报酬形式，其内容主要是口粮以及衣装。《周礼·天官·宫伯》中有段话很好地概括了“稍食”的特点：“月终则均秩，岁终则均叙，以时颁其衣裘，掌其诛赏。”所谓“月终则均秩”，就是在每月月终时按照等级和劳绩发放口粮；所谓“岁终则均叙”，就是年终考课时根据才能确定等级和安排职事；至于“以时颁其衣裘”指换季时发放衣装；“掌其诛赏”则显示，每月、每季和每年年底，都有诛过赏功之举。《周礼·天官·小宰》：“以官府之六叙正群吏：……四曰以叙制其食。……月终，则以官府之叙受群吏之要。”孙诒让云：“此云‘以叙制其食’，当专属不命之小吏言之，以其在官前后之叙，制其稍食。”也就是说，不命无爵的群吏，根据其在官府中的等级和业绩，领取稍食。

那么，就让我们来比较一下采邑、禄田和稍食这三种酬报方式。尽管有“纳邑与政”即退职后交还采邑之说，但事实上贵族的采邑是泽及子孙、世世守之的，变成了一种相当固定的领地。这是一种“长时段”的报酬方式。命士的禄田，则是在受职时才获得的，致仕离职后就应该交还。这样看来，采邑所对应的显然是凝固不变的宗法贵族身份，禄田的领受者则略微多了一些“官员”色彩；相比之下，定期考核、按月授廪的“稍食”周期最短，干一个月的活就给一个月饭吃，显示了浓厚的功绩制意味。

什么样的服事者，更容易直接拿报酬来划分等级呢？主家根据工作量把佣工或家奴分为大工、小工，应该不在意料之外；设若廪食对应着工作量大小的话，那么以廪食多寡名其等差，也在情理之中。通过“月终则均秩，岁终则均叙”而为胥吏确定的稍食定量，很容易被用来标志府、史、胥、徒的地位高下。越是在历史早期，社会地位就越多地与土地(和人民)的占有直接相关，自己没有一块地的人不被看成正经人。按照先秦古义，有地者就可以称“君”，因而有爵的卿大夫们面对自己采邑内的土地人民时，就等于是“君”了。(直到汉代，汉高祖刘邦的诏书中还有这样的话：“爵或人君，上所尊礼。”颜师古曰：“爵高有国邑者，则自君其人，故云或人君也。”)而做胥吏等于是自己找不到生计，只能到人家家里去帮忙混口饭吃，和“臣”“妾”差不多少。较之以“人之尊称”为等级之名的以“人”为本做法，以廪食多少定等之法，则是以“事”为本的。那意味着你的等级是一种干得多吃得多、干得少吃得少的等级，君主没怎么把你当“人”看；在君主眼中，只是“若干石”而已，你只不过与一份劳务或一份报酬画等号。

从春秋末年到战国时，谷物形式的俸禄报酬开始普及。这个变迁，伴随着一个全新时代——帝国时代的到来，伴随着从贵族政治到专制官僚政治的重大历史转型。在旧日那种直接占有一片土地、管着一群家臣和农民的贵族领主之外，朝廷上仅仅仰食君主提供的谷物俸禄的官吏，越来越多了；史料中也开始出现“禄千钟”“禄万檐”或者“千盆”“五百盆”之类的俸禄记录。尤其是燕国还有“三百石吏以上”之类记载。正如一位学者所指出的那样：“燕国且已以‘石’定官任之高卑，官俸制度似已成为国家常制。”这是个很敏锐的观察。领俸官员的出现，跟直接拿俸额作官阶，还不完全是一回事儿。关东列国也采用了谷禄之法，但史料所见“万钟”“千盆”等只是俸额而已，却未必被用作官阶；并且这俸额有时还是随机决定的，而不是先有定准。燕国的“三百石吏以上”之类提法，则明示“若干石”的俸额，在这里已经成为官阶了。不言而喻，这是一个重大的演进。

以若干石定官阶，并不以燕国为始，商鞅变法时秦国已经有五十石之官、百石之官了。公元前 349 年秦在县级单位初设“秩史”①，这里的“秩”应是以“石”来计算等级的。《商君书·境内》出现了千石之令、八百石之令、七百石之令、六百石之令的等级；《史记》中能看到秦国有六百石以上、五百石以下及斗食等阶次，还有“今自有秩以上至诸大吏”之语，《战国策·秦策》则记作“其令邑中自斗食以上至尉、内史及王左右”；《墨子·号令》中所见“二百石之吏”“三百石之吏”，当属秦制。秦简《法律答问》中亦有“六百石吏以上”之载。从这

① 《史记》卷一五《六国年表》。

些情况看，“禄秩”在秦国得到了最充分的发展。

尤其值得注意的是，秦简显示秦国有一种“月食”，是按月向吏员发放的廪食；某些迹象暗示，秦国的俸禄跟“月食”一样，是按月发放的。按，周代的“稍食”本来就是“月终则均秩”，即按月考核发放的；同时汉代的俸禄正是月俸，其周期也是“月”。不难推测，汉代月俸的按月发放之办法，应是上承秦代的；而秦代俸禄之按月发放，则深受“月食”“稍食”之影响，或说是被“月食”“稍食”的形式所同化的。“月终则均秩”的“秩”是等级的意思，若是以俸禄多少定等，则称“禄秩”。秦，以及汉帝国对吏员实行严格的功绩考课制度，依照才能功绩而录用迁转，依照职责而提供俸禄，并且依照俸额而为官吏划定等级，这与周代“稍食”的“月终则均秩，岁终则均叙”，显然一脉相承。

周代“稍食”原本是面向胥吏的酬报方式。针对胥吏的酬报和定等之法的普及，意味着“吏”这个层次开始崭露头角。春秋以上的史料中，胥吏的身影还是很暗淡的，而在战国时候，领取禄秩的“吏”，已经呈现为一个鲜明得多的行政层次了。吴起为楚悼王变法时曾建议：“不如使封君之子孙三世而收爵禄，绝减百吏之禄秩。”(《韩非子·和氏》)可见吴起双管齐下，一则收爵禄，一则减禄秩，“封君”与“百吏”两列分说。荀子曾提到战争胜利后的“士大夫益爵，官人益秩”(《荀子·强国》)之事，“爵”和“秩”用作两种不同待遇。又《荀子·荣辱》：“志行修，临官治，上则能顺上，下则能保其职，是士大夫之所以取田邑也。循法则、度量、刑辟、图籍，不知其义，谨守其数，慎不敢损益也；父子相传，以持王公，是故三代虽亡，治法犹存，是官人百吏之所以取禄秩也。”“取田邑”的“士大夫”，跟领取禄秩的“官人百吏”，分明有别。战国士大夫封君的田邑已不同于春秋采邑，国君大大强化了对“邑”的控制管理；同时由于上一时代的影响，给予或占有田邑，依然被用作一种传统色调的荣耀和待遇。但是毕竟，春秋时代隐而不显的“官人百吏”，带着他们的特别标志——“取禄秩”，在战国时代悄悄上升。

秦汉时代，百官皆可称“吏”，二千石郡国守相是为“长吏”，三公亦可称“吏”。这是大有深意的。韩非有言：“吏者，平法者也”；又说：“主卖官爵，臣卖智力”；“臣尽死力以与君市，君垂爵禄以与臣市”。所谓“官僚”，是指那种以能力而录用、以功绩年资而升迁的领薪行政雇员，战国秦汉的文法吏已经具备了其基本特征，他们以法律和财务技能得到录用；其出仕君主后，就建立了韩非所说的那种雇佣和交换关系，并可以随时迁黜罢免，从而与昔日的贵族官员大异其趣。

学者在讨论战国官僚的来源时，往往仅仅就“士”立论；战国士人在政治舞台上的夺目风采，确实遮掩了“吏”群体悄悄兴起的政治现实。不过到了秦汉之际就沙石澄清、尘埃落定了，秦以文法吏治天下，“文吏政治”构成秦王朝政治的最鲜明特色。直到汉初，文吏依然是帝国行政的基本承担者。“吏”跟“士”和“大夫”是很不同的。“刑不上大夫”，“士可杀而不可辱”。由于传统的影响，战国士大夫依然保留了春秋以上的贵族气质，依然高自标置、呼吁君主以礼相待，编造了一个又一个君主“礼贤下士”的传奇故事；其中那些拥有文化的“士”还指斥君主、横议政治，“入则心非，出则巷议”。而“吏”原先是一个卑微的、近乎臣妾的阶层，比起拥有传统权势甚至土地人民的贵族官员来，“吏”显然更便于驾驭驱使。打个比方说，“士”好比破落贵族家的娇小姐，“下嫁”给了专制官僚政治这个新贵；“吏”则是由贴身女仆扶了正，才爬到了妻妾地位上来的。前者知书达礼，教养不错，可难免要撒撒娇、教训教训人，摆摆旧贵族的架子，丈夫有时还得让她三分；后者则不会忘记昔日的卑贱，因对主子感恩戴德而兢兢业业地奉侍晨昏。惯于颐指气使、人莫予毒的专制者，更欣赏的当然是后者了。汉儒贾谊在回首古制时，便为当今的大臣遭际感慨万千：“王侯三公之贵……今与众庶徒隶同黥、劓、髡、刖、笞、傌(同骂)、弃市之法……束缚之，系绁之，输之司空，编之徒官，司寇、牢正、徒长、小吏骂詈而榜笞之。”这在贾谊看来是“如遇犬马”“如遇官徒”的，弄得“大官而有徒隶无耻之心”(《新书·阶级》)。官徒者，贱吏也。贾谊大声疾呼，卿大夫士不应与“官师小吏”等量齐观。

周代“稍食”原本是面向胥吏的酬报方式，而昔日春秋以上卑微不显的胥吏，在秦汉间逐渐上升到政坛的顶点，进而带来了“禄秩”这种定等方式的扩张。这种“月终则均秩，岁终则均叙”的方式，给了专制者支配臣工更便利的手段。朝廷的千官百僚干活就有俸，不干活就没俸；效力多就俸禄多，俸禄多就等级高；效力少就俸禄少，俸禄少就等级低——一切以“事”为准，对其人格、尊严，君主经常漫不经心。按月授俸的“短周期”酬报方式，恰好适应了“选贤任能”局面下官吏的频繁更新率：干得好就接着干，干不好下个月立刻免官停俸让他走人。正如学者所指出的：汉代官吏的罢免相当频繁，例如西汉丞相平均任期为4.55年，东汉之三公平均任期只有2.43年，汉代人所谓“用之则为虎，不用则为鼠”，“旦握权则为卿相，夕失势则为匹夫！”

概而言之，以“若干石”定等级的“禄秩”的普及，与从贵族政治到官僚政治的重大历史转型，与“吏”这种新式官僚的逐渐崛起并取代宗法贵族，是同一个进程。也可以换个说法：百官领取月俸并以“若干石”定等，意味着帝国统治者逐渐改以对待“吏”的方式对待百官，用“吏”的形象来为百官定性定位了。

（《文史知识》2002年第10期，中华书局）

论汉代禄秩之从属于职位

一、引言

在揭著“禄秩从属于职位”这个论题之时，对这个论题为何得以成立，我们首先做此解释。一般说来，文官等级结构有“职位分类”和“品位分类”两大类型。在职位分类下，等级与职位是合一的，无官则无级、位可言；而在品位分类之下，在职位之外别有官阶。职位确定权力、职责和任务，而官阶则确定官员自身的地位、资格、报酬等。在后一情况下，阶与职是分开的，既可以有阶无职、有职无阶，更可以阶高职低或阶低职高。职位分类重视效率，同工同酬，是以“事”为中心的；品位分类则有利于保证官员的个人资位薪俸，赋予其安全稳定之感，是以“人”为中心的。[①] 古今政制和社会当然有复杂的差异，我们不好直接拿这两种分类到古代去套用。不过中国古代有很发达的文官制度，它已具现代分科分层的官僚体制之雏形；“品位”“职位”这类概念，对于分析各代官员等级制度的变迁，仍然是一个可资利用的工具。

比方说，先秦存在的卿、大夫、士这些爵级以及“命数”，就构成了与官职分离的“品位”。越在历史早期“身份”越是个人的立身之本，相应的爵位也比官职更为重要、更为根本，它是各种权势、利益和声望之所归依。直到秦代的二十等爵，依然是“爵”重于“官”。又如在南北朝和唐代的官阶制度下，在职事官之外存在着由散官构成的散阶，当时称为“本品”，它标志着官员的个人资位。在任满解职之时，这本品依然维系着官员的个人资位不致丧失；在授予职事官之时，本品的高低是必须考虑的因素。由于散阶跟随人走而与职位相分离，这时就会产生散阶高于或低于职事官品的现象。如王寿南之概括：“职事官有职、有位、有权、有责，乃是真正的文官，不过，每一职事官必带散官，职事官乃是现职，通称‘官’，散官则为铨叙之阶级，亦称‘阶’。……职事官可随时调动，

---

① 以军衔制为例，大将、中校、少尉之类军衔与各种军职分离为二，这就是一个品位分类的典型例证。又如我国曾经实行多年的 27 级干部制度，在其之下，同是局长或县长，其“行政级别”及相应工资可能颇为不同，由此就出现了同工不同酬现象；在工作调动之时，这“行政级别”是跟人走的，将跟随干部到达另一职务。美国则最早实行了职位分类制度，日本等国家也已完成了从品位分类到职位分类的发展。我国的有关改革仍在进行之中。

而散官则须按部就班升级。”[①]就此而言，唐代散阶体制明显构成了一种“品位”。宋代改以“寄禄官”为本阶，也具有相近的意义。

汉代则不相同，这时的禄秩是附丽于职位的。“若干石”所确定的是职位之高低，它并不跟随人走，如无职位，则官员本身无等级可言。比方说，某位郡守被解免，那么其“二千石”的禄秩也就非其所有了。陈梦家先生指出：“所谓俸给或吏禄制度，其内容是秩别（秩级）、俸禄数量、官职和俸禄性质；即哪一种官职属于哪一秩级，每年或每月应得多少俸禄（所谓岁禄或月俸），用什么物资作为俸禄（如钱、谷或二者各半）。”[②]陈先生并无意图透过现代文官理论审视汉代禄秩，但他对禄秩内容的叙述却颇精确，尤其是“哪一种官职属于哪一秩级”一句，一语道破汉代禄秩的如下特点：秩级与官职直接相应，而不是与官员的个人品位直接相应的。杨树藩在概述历代“阶职分立制”之时，也明确指出：“阶称代表一切文官之共同身份标准，职称代表各官府个别职务性质及权力范围。……秦汉以来，文官有职而无阶。至隋始见‘阶制’之初型。”[③]这“秦汉以来，文官有职而无阶”一语，就在事实上表达了不把汉代禄秩看成是“官阶”的意见。尽管禄秩也以“若干石”构成了序列，但与“阶职分立制”仍有很大不同。

---

① 王寿南：《唐代政治史论集》，台湾“商务印书馆”1977年版，第5页。

② 陈梦家：《汉简所见俸例》，《文物》1963年第5期。

③ 杨树藩：《中国文官制度史》“绪论”，台湾黎明文化事业公司1986年版，第10页。

这样看来，汉代禄秩既不同于先秦爵制，也不同于南北朝和唐宋的官阶，由此便能够窥见汉代官僚政治的特色与倾向性。不过在作此发挥之前，有必要对“汉代禄秩从属于职位”这一特点作出论证，并从官员的任用情况作出切实说明。可如何更明快地证成这个论断呢？在此我们打算提出这样一个思路，这就是对因病、因丧而一度离职后的再任情况进行考察。

相比之下，寻常的迁升降黜由于涉及了才干专长、功过奖惩，过多的因素纠缠其间，将之用为证据就不够明快简捷。此外汉代官职大多没有确定任期，所以也无法像后世那样，可以对任满解职后的安排加以排比。在这个时候，考察因病、因丧等情况下的离职及再任，我觉得就是一个很便利的视角，因为这既不涉及因罪过而来的左降，也不涉及因功次而来的升迁，疾病或丧事甚至是个人所不能左右的遭遇，那么在官员为此而一度不能提供勤务之时，朝廷对官员已往所曾达到的秩位作何安排，显然就与前揭主旨密切相关。如果在无罪过情况下一度去官离职，官员通常也要丧失既往秩位，那么就能清晰显示，在汉代禄秩之下，官员未能获得从属于人身的品级。说得再直截一点儿：如果他丧失了秩次仅仅因为离开了职位，那么这秩次显然就是从属于职位的。

汉代官员在遇病时须提交“病书”（请病假的文书）“移病”，经批准后在三个月内可以保持原有职位；但如果到了三个月未能痊愈视事，朝廷即予免职，除非皇帝特恩“赐告”①。日人大庭修对汉代“病免”问题专有研究，但对病免后的再仕，则未予深论。② 至于服丧，“汉人有因父母丧去官习惯”，“因丧去官或不到官的事例很多”③。汉文帝以来法定丧假为三十六日。此后儒家力倡的三年丧制朝廷时行时废，如赵翼所谓：“是终汉之世，行丧不行丧迄无定制”，不过“士大夫有独行己见、持服三年者，遂以之得名”。④ 除此之外，官员的离职还可能是出于辞职。由于这是个人自行退出官场，因而与本文论题无干。不过，三公因灾异而引咎辞职者却有不同意义。这个制度始于西汉中期。⑤ 即使在最初人们确实认为灾异的出现罪在宰相，但后来它也已成为“例行公事”了。就本文论题而言，不妨也将之算在“无罪过一度离职”的范畴之内。

---

① 参看宋杰：《汉代休假制度》，《北京师范学院学报》1986 年第 3 期；安作璋、熊铁基：《秦汉官制史稿》，齐鲁书社 1985 年版，下册第 488—493 页；杨鸿年：《汉魏制度丛考》“休假与告”条，武汉大学出版社 1985 年版。据杨鸿年所论，有一种“长假”“长告”，或为变相免职，或有优待之意。其所举例证中的郑小同，是以郎中长假在家，并未丧失官职。其余则大抵都属“变相免职”。

② 大庭修：《秦汉法制史研究》，林剑鸣等译，上海人民出版社 1991 年版，第 2 节“病免的规定”。

③ 杨鸿年：《汉魏制度丛考》，武汉大学出版社 1985 年版，“因丧去官”条。

④ 赵翼：《陔余丛考》卷一六“汉时大臣不服父母丧”条，栾保群、吕宗力校点，河北人民出版社 1990 年版，第 252 页。

⑤ 参看赵翼：《廿二史札记》卷二“灾异策免三公”条；王树民：《廿二史札记校证》，中华书局 1984 年版，第 47—48 页。

二、无罪过一度离职后的再仕

稽之史料，病免或服丧之后官员的再任，至少存在着以下几种情况：有重新拜郎中者，有重新接受察举者，有接受三府征辟者，有接受州郡征辟者，有直接征举任命者。对由此引起的秩位变动情况，下面抄拣史料一一以明之。

1. 以拜郎再仕者

> 郭旻：数迁敬陵园令、廷尉左平、治书侍御史。……以父忧去官，还拜郎中、侍御史。遭母忧，服除，复拜郎中、治书侍御史。(《丹阳太守郭旻碑》)
>
> 王纯：还谒者官，迁左都候。丧父服除，复拜郎，敬北(□□□)……(《冀州刺史王纯碑》)
>
> 范丹：以处士举孝廉，除郎中，莱芜长。未出京师，丧母行服。故事，服阕后还郎中，君遂不从州郡之政。(《范丹碑》)

首先来看郭旻，他两次服除后都拜为比三百石郎中。依汉代选官通例，为郎是士人出仕朝廷的起点；侍御史、治书侍御史则为六百石官。也就是说，郭旻曾两次丧失了六百石的秩位而重新从郎官仕起。与之类似，王纯初任的左都候亦为六百石官，他也因丁忧而丧失了昔日秩位。《王纯碑》之“敬北”当作“敬丘”，即沛国太丘，其地东汉设长。[①] 王纯直至为敬丘长时，仍未达到昔日左都候之秩。《范丹碑》谓“服阕后还郎中”是“故事”，但我想范丹当时未能离京上任便遭母丧，其行服时的身份仍为郎中；这“服阕后还郎中”仅是针对郎署而制订的，且仅是朝廷允许官员服三年丧时的制度。但东汉行丧“迄无定制”，在三年丧被废止的时期，“服阕还拜郎中”的规定恐怕是要一并废止的。再看后面的各种服除再仕事例，就知道这“还拜郎中”不是普遍适用的。

2. 重新接受察举者

辕固：拜为清河太傅，疾免。武帝初即位，复以贤良征。(《汉书》卷八八《儒林传》)

杜邺：哀帝即位，迁为凉州刺史。……数年以病免。……(元寿二年)诏举方正直言，扶阳侯韦育举邺方正。……邺未拜，病卒。(《汉书》卷八五《杜邺传》)

谯玄：后迁太常丞，以弟服去职。平帝元始元年，日食，又诏公卿举敦朴直言，大鸿胪左咸举玄诣公车对策，复拜议郎。(《后汉书》卷八一《独行谯

① 据《汉书》卷二八上《地理志》，沛郡有敬丘为侯国。应劭注：“春秋‘遇于犬丘’。明帝更名大丘。”《续汉书》卷二〇《郡国二》“沛国有太丘”。《后汉书》卷六二《陈寔传》：“迁除太丘长。”时约桓帝。知太丘设“长”而不设“令”。据《王纯碑》，王纯举孝廉在顺帝永和二年(137年)，为敬丘长更在其后，此时敬丘仍未更名太丘。应劭“明帝更名大丘”之说似乎不确，或桓帝始更其名也。

玄传》）

杨弼：举孝廉，西鄂长，伯母忧去官。复举孝廉，尚书侍郎。（《司隶校尉杨淮碑》）

曹全：建宁二年举孝廉，除郎中。……迁右扶风槐里令，遭同产弟忧弃官。……光和六年，复举孝廉，除郎中，拜酒泉福禄长。（《合阳令曹全碑》）

辕固、杜邺后来未得任用，但其仕历可以证明察举是病免再仕的途径之一。哀、平之际谯玄自千石之太常丞去职，后因察举对策方复拜比六百石之议郎。东汉杨弼、曹全都官居三百石至千石的令长，因丧去官后又以举孝廉再度起家。举孝廉者依例入三署为郎中，或许有人会认为这与上述"还拜郎中"之例相似，然而从仕途上看二者的意义便不同了：不是直接再拜郎，而是经过"举孝廉"才再度拜郎，这更多地意味着仕途的重新开始。杨弼和曹全并未得到"服阕后还郎中"的待遇，可见那只是朝廷允许行丧时的一时之制，并且是只针对郎署的。

3. 重新接受中央三公、大将军之征辟者

杜钦：后为议郎，复以病免。征诣大将军幕府。……优游不仕，以寿终。（《汉书》卷六〇《杜钦传》）

东汉大将军有掾属二十九人，其禄秩应与三府掾属相类，约在比三百石、比二百石至百石之间[1]；西汉将军幕僚大概也是如此。不过《杜钦传》后文又称其“优游不仕”，似乎他是以私人身份入幕的。无论如何，这个例子可资说明大将军征辟是病免者再仕之一途。又：

> 鲁峻：举孝廉，除郎中、谒者、河内太守。丧父如礼，辟司徒府，举高第，侍御史、东郡顿丘令。（《汉故司隶校尉鲁峻碑》）

鲁峻已仕至郡守，只因父丧归宁，便失去了二千石的秩位，只能从二三百石的司徒掾属再仕；此后所迁侍御史、县令，亦不过六百石。与三署郎中相似，公府征辟也构成了出仕朝廷的起点；鲁峻再辟公府，也等于其仕途重新开始了。以征辟再仕者又如：

---

① 据《续汉书》卷二四《百官一》。《汉书·百官公卿表》中对西汉将军幕府组织没有叙述。大庭修谓：“《汉书·百官表》……还记载了位比三公的将军幕府的组织系统。其中有长史、司马各一人，为千石之官，司马主兵。还有从事中郎二人，为六百石之官，参与谋议。掾属二十九人，令史及御属三十一人。”见其《秦汉法制史研究》，第323页。按，大庭修过于粗率，把《续汉书·百官志》中的东汉制度，误叙为《汉书·百官公卿表》的内容了。《续汉书·百官一》叙公府掾：“本注曰：《汉旧注》东西曹掾比四百石，余掾比三百石，属比二百石，故曰公府掾比古元士三命者也。或曰：汉初掾史辟，皆上言之，故有秩比命士。其所不言，则为百石属。其后皆自辟除，故通为百石云。”这段史料所叙颇有含混不清之处：掾属“皆自辟除”之后，似乎也不会有掾、属“通为百石”之事。从“或曰”看，作者对大将军掾属的秩位并不十分清楚。《宋书》卷三九《百官上》：“公府长史、司马秩千石，从事中郎六百石，东西曹掾四百石，他掾三百石，属二百石。”这是晋宋制度，但也可供推测东汉。

杨仁：拜什邡令。……行兄丧去官。后辟司徒桓虞府。……后为阆中令。(《后汉书》卷七九下《儒林杨仁传》)

王纯：复拜郎，敬北□□□失妹宁归，遂释印绶。司空辟，举高第，选侍御史。(《冀州刺史王纯碑》)

王元宾：察孝廉，郎、谒者、考工苑陵叶封丘令。……以母忧去官，服祥，辟司空府，补阙(下阙)……(《封丘令王元宾碑》)。

张纳：迁甘陵、冤句令，亲病去官。念□□复义章海内，辟司空、司徒府。……复辟大尉。举高第，拜侍御史。(《巴郡太守张纳碑》)

樊敏：察孝除郎，永昌长史，迁宕渠令。布化三载，离母忧，五五断仁，大将军辟。(《巴郡太守樊敏碑》)

其中《樊敏碑》中的“五五断仁”一语指服丧期满[①]。以上诸人，也都因服丧而丧失了昔日三百石到千石的令长秩位，而从较低的府掾再仕。

① 汉碑称三年丧期为“五五”，二十五月也。参看顾炎武《日知录》卷五“三年之丧”条，《日知录集释》，花山文艺出版社1991年，上册第244—245页。

4. 重新接受州郡征辟

虞延：建武初，仕执金吾府，除细阳令。……后去官还乡里。太守富宗闻延名，召署功曹。(《后汉书》卷三三《虞延传》)

李翊：拜广汉属国侯，……至建宁元年，遭从事君(按，其父)忧，去官。……礼服既尽，州郡争取。……栖迟不就，童冠相娱。(《广汉属国侯李翊碑》)

胡硕：除郎中，宿卫十年，遭叔父忧，以疾自免。州郡交辟，皆不就，后以大将军高第拜侍御史。(《陈留太守胡硕碑》)

虞延原任之县令六百石至千石，李翊之原任当是属国都尉之下的侯官，其禄秩约比六百石。他们仅因丁忧就失去了旧秩，而面临着接受州郡征辟的局面。李翊、胡硕虽然未就州郡之辟，但其事例可以反映这是丁忧再仕的途径之一。这州郡掾属大抵以百石者居多，州郡征辟又低于公府征辟，往往是布衣白民的进身之阶。并且众所周知，汉代出仕州郡与出仕朝廷有很大不同：州郡掾属是地方长官的私属，而不是朝廷王官。那么，再仕州郡者的已往仕历就等于白费，又与布衣初仕者处于同一起点上了。

5. 接受朝廷征召或再次任命而起家再仕

刘歆：后复转在涿郡，历三郡守。数年以病免

官，起家复为安定属国都尉。(《汉书》卷三六《楚元王传》)

王骏：迁赵内史。(父)吉坐昌邑王被刑后，戒子孙毋为王国吏，故骏道病，免官归。起家复为幽州刺史。(《汉书》卷七二《王骏传》)

萧由：为大鸿胪，会病，不及宾赞，还归故官，病免。复为中散大夫，终官。(《汉书》卷七八《萧望之传》)

朱博：徙为山阳太守，病免官。复征为光禄大夫，迁廷尉。(《汉书》卷八三《朱博传》)

召信臣：超为零陵太守，病归。复征为谏大夫，迁南阳太守。(《汉书》卷八九《循吏召信臣传》)

李咸：征河南尹，母忧乞行，服阕奔命。孝桓皇帝时机密久缺，百僚佥乞，诏拜尚书。(《太尉李咸碑》)

刘歆、萧由、朱博、召信臣原来均是郡守二千石，再仕之属国都尉比二千石，中散大夫六百石[1]，光禄大夫比二千

① 中散大夫，《汉书》卷一九上《百官公卿表》不见。《资治通鉴》卷七六魏劭陵厉公纪嘉平五年(253年)胡三省注："中散大夫，秩六百石，在谏议大夫上，按，中散大夫王莽所置，后汉因之。"时在平帝元始年间。

石，谏大夫比八百石[1]，均低于原官。王骏原任之王国内史约二千石[2]，再仕为六百石刺史；李咸原任之河南尹中二千石，再仕为六百石尚书（按，以议郎再仕当然也可以系于“以拜郎再仕”部分。但郎中多为初仕之职，而议郎官秩已高，故归于此类）。下面再把几位三公的情况列示如下：

陈球：迁司空，以地震免。拜光禄大夫，复为廷尉、太常。光和元年迁太尉。数月以日食免。复拜光禄大夫。明年，为永乐少府。（《后汉书》卷五六《陈球传》）

乔玄：遂陟司空、司徒，托疴逊位。起家拜尚书令。以疾笃称，拜光禄大夫。后拜太尉，久病自替，复为少府、太中大夫。（《太尉乔玄碑》）

胡广：……进作太尉……援立孝桓，以绍宗绪，用首谋定策，封安乐乡侯。……致位就第。复拜司空。……功遂身退，告疾固辞，乃为特进，爰以休息。又拜太常典司三礼。……复拜太尉，寻申前业，又以特进逍遥致位。又拜太常，遘疾不夷，逊位辞

---

① 据《汉书》卷一九上《百官公卿表》，谏大夫比八百石；据《续汉书》卷二五《百官二》，谏议大夫六百石。这个变化大约发生在汉成帝时。《汉书》卷一〇《成帝纪》阳朔二年：“除吏八百石、五百石秩。”师古注：“李奇曰：除八百就六百，除五百就四百。”查召信臣为零陵、南阳二郡太守之事均在宣帝以前，故此时谏大夫应为比八百石。

② 按，王国内史禄秩，《汉书·百官公卿表》无载，不过记有“成帝绥和元年省内史，更令相治民，如郡太守。”又查《汉书》卷一一《哀帝纪》：“令，诸侯王朝，得从其国二千石，傅、相、中尉皆国二千石。”由国相二千石，推知王国内史原亦二千石。

爵，迁于旧都。征拜太中大夫。延和末年，……引公为尚书令。以二千石居官，委以阃外之事。……乃拜太仆，……迁太常、司徒。成宗晏驾，推建圣嗣，复封故邑，与参机密。寝疾告退，复拜太傅，录尚书事。(《太傅胡广碑》)

刘宽：迁……太尉。股肱元首，宣□□□，臣工允敕。帝载粤熹，寝疾逊位，复拜光禄大夫、卫尉、太尉。□□交会，独引其咎，□□□□□，拜永乐少府、光禄勋。(《太尉刘宽碑》)

杨赐：列作司空，地平天成。阴阳不忒，公遂身避，托疾告退。又以光禄大夫受命司徒。(《太尉杨赐碑》)

他们以疾病、灾异或其他原因逊位后的再仕之官，有比千石之太中大夫，千石之尚书令，比二千石之光禄大夫，二千石之永乐少府，中二千石之少府、太常等，却不是直接恢复旧职或旧秩。

还可看到，汉代官员之再仕有多种方式。有时会同时面临多种选择，如前举胡硕之例，他有幸得到了州郡征辟和大将军征辟两个再仕机会。其例又如：

刘宽：迁梁令，丧旧君去官。博士征，三府辟，皆又不到。司隶校尉察茂材，太尉公车举有道，征拜议郎、司徒长史。(《太尉刘宽碑》)

在这个时候，刘宽有征召、征辟和察举等多种再仕途径可供选择。这说明朝廷对离职再仕并无一定之规。

类似事例当然不止于此，恕不一一征引，以免烦秽。以上事例足资显示，在非因罪过的去官再仕情况中，再任官的官秩低于原官绝不是罕见现象。尽管原官较高者的再任官往往也会较高，但无论如何，官员离职后便丧失了旧日秩位，“若干石”的禄秩并没有跟随官员本人走，它是附丽于职位的。

三、“故公”与“故二千石”的任用

在官员并非因罪过而一度中断勤务之时，朝廷不予保有其昔日官资，这便使一种观感油然而生：当时统治者对官员的个人权益尚是较为漠视的。当然我们也未忽略另一事实：官僚阶级构成了帝国的统治基础，其权益朝廷不能完全置若罔闻；曾经仕宦者的经验能力是可资利用的宝贵资源，对此统治者也不会错过。事实上，“故官”确实被朝廷视为一种有异于白民的资格，不过我们所要强调的是，即令如此，汉廷仍未设立品位序列来满足安排离职官员的需要。

首先，“故官”在汉代仍是一种身份，故将军、都尉和故吏二千石的家庭依制有免役特权。[①] 如李广赎罪以庶人家居，

① 《汉书》卷二《惠帝纪》：“今吏六百石以上父母妻子与同居，及故吏尝佩将军、都尉印将兵及佩二千石官印者，家唯给军赋，他无有所与。”

称“故李将军”，后值匈奴入犯，“于是天子乃召拜广为右北平太守”。“故将军”在朝廷需要时可随时起之于家，这个称呼不仅仅是泛称而已。又武帝天汉年间所遣镇压徐勃起义者中有“故九卿张德”，昭帝始元元年（前86年）所遣循行郡国者中有“故廷尉王平”，而刘向也曾“以故谏大夫通达待诏”。[①] 颜师古谓：“前为此官今不居者，皆谓之故也。”语中“今不居”如果改云“今不居官”，则更为准确。他们虽无现职，但仍为朝廷承担着临时性差使。然而也很明显，这种“故官”身份并不十分清晰确定。

一些史料反映，对故官的任用朝廷还有些具体安排。请看如下史料：

> 《续汉书》卷二六《百官三》：“尚书令一人，千石。”注引蔡质《汉仪》：“故公为之者，朝会下陛奏事，增秩二千石，故自佩铜印墨绶。”

所谓“公”即三公，在西汉则为丞相。昔居三公而无现职者如被任命为千石之尚书令，则增其秩为二千石，但其昔日秩次——姑且视为“万石”——则不能维持。这说明了什么呢？一方面，对“故公”所尊重的无论是其个人资位还是其才能经验，总之是有所尊重的，所以在其屈居千石之官时，朝廷要

① 《史记》卷一〇九《李将军列传》，卷一二二《酷吏列传》；《汉书》卷七《昭帝纪》，卷八八《儒林传》。

略增其秩；但另一方面，相应的优待依然有其限度：昔日的“万石”之秩，并没有跟随官员个人走；所增二千石之秩，比起九卿的中二千石还要低下一级。顺便指出，此时“故公”所佩之“铜印墨绶”亦依从尚书令之职位而定，既不是其故官三公之金印紫绶，亦不是其现秩二千石之银印青绶。增秩并不导致印绶的变化，这作为权责象征物的印绶也是从属于职位的。

三公居政务官之首，朝廷在秩次地位上仍有些许优惠。至于二千石故官，请看：

> 《汉书》卷七《昭帝纪》：“丞相征事受斩捕桀。”文颖注：“征事，丞相官属，位差尊，掾属也。”张晏注：“《汉仪注》，征事比六百石，皆故吏二千石不以赃罪免者为征事，绛衣奉朝贺正月。”
>
> 又《汉旧仪》：“刺史奏幽隐奇士，拜为三辅县令，比四百石，居后六卿；一切举试守令；取征事。”本注：“征事，比六百石，皆故吏二千石不以赃罪免，降秩为征事。”
>
> 《续汉书》卷二六《百官三》：“御史中丞一人，千石。”注引蔡质《汉仪》：“丞，故二千石为之，或选侍御史高第，执宪中司，朝会独坐，内掌兰台，督诸州刺史，纠察百僚，出为二千石。”

对“不以赃罪免”的“故吏二千石”，朝廷认为他们仍有余热可资利用，承认他们的“故吏”身份。刺史在循行州部之时，有义务从中选取有用之才奏报中央，任用为丞相征事。不过在这个时候，对其曾经达到的二千石秩次，就不像对“故公”那样给予照顾了：征事比六百石而已，比旧秩二千石低好几个等级呢。朝廷还从“故二千石”中选拔御史中丞，他们可能是因丧、病或人事变动等而离职，估计也是“不以赃罪免”的，但这时也只能被“降秩”使用，而依从新职御史中丞之千石秩次了。

这就再度显示了汉代禄秩的一个重要特点：秩位是从属于职位的，居其职方有其秩，居其职则从其秩，官员此前达到的等级一般不能带到新职上去。“故公”就任低秩之官时，或可稍增其秩，但“故吏二千石”就连这种待遇也没有了，只能“降秩”处理。至于二千石以下故官，朝廷任用时的优待又应较此更为微薄，如前一节离职再仕之例所显示的那样。

当时再任官也常常有同于甚至或高于旧位者，西汉已是如此，东汉仍是如此。说那些有幸再次起家的官员，其再仕之官必定就低于原职，这并非本书论点。虽然再仕官高于原官的例子确实也有很多，然而我们之所以要特别揭著那些再仕官秩低于原官之例，乃因为后一类事例才特别有助于说明，朝廷在面对这种情况时“职事”是其关注所在，至于对官员个人地位权益的照顾，则很不周到，绝不是“无微不至”的。

具体说来，对非因罪过而中断勤务者，朝廷并不是全盘否定其昔日资格；曾经仕宦者业已积累了工作经验，朝廷对此也并非视而不见，如果他们才干优异，自不妨再度授予较高职务。但是我们尤其关注如下一点：朝廷不大考虑昔日资历，让其从较低位置重新仕起，甚至听任他们从头再来(如听其出仕州郡)，这也是屡见不鲜的处理。为父母行服本应受到“以孝治天下”的朝廷的大力褒彰，在职罹疾也有可能是忧勤政务所致，当局应有体恤的义务；然而在官员为此一度离职、不能为王朝效力卖命之时，朝廷随即停发其俸禄、漠视其官资；二千石以上故官尚有免役待遇，至如二千石以下的官吏，夸张说几乎有点儿视同路人。这不但远较唐宋朝廷苛刻寡恩，甚至都不及许多现代国家的做法。[①] 在上述各种情况中，都没有为官员个人提供品位序列。模糊不清的“故官”“故吏”概念，当然构不成什么“品位”了。

四、增秩、贬秩问题

最后我们还想对“增秩”“贬秩”问题做一讨论。杨鸿年先生指出：“所谓郡守秩二千石乃是原则，实际上因为功过增贬

---

① 法国规定，文官病假可以长达一年，三个月内领全工资，超过三个月领半工资；需支付昂贵医疗费的长期病号，其病假可以延长到三年，一年内领全工资，一年后领半工资。英国病假六个月内付全工资，超过六个月则付半工资。我国改革之前的干部制度是事实上的终身制，即使长期生病亦不会丧失干部身份和“行政级别”，并享有公费医疗。这都较汉廷为优。不过，实行“职位分类”制度的美国则较为苛刻，带薪病假限于十三天之内，超过者便无工资。这是很有意思的。美国文官制度的特点就是重效率、重“事”而不重“人”。

以及任职资格深浅不同，以至太守官秩差别颇大，上自中二千石，下至八百石，凡有六级之别。”[①]此便又引发了一个问题，这“资格”如果理解为职位所需的能力才智，那当然就并不能改变我们的禄秩从属于职位的论点；但如理解为郡守个人的既往资位，那么这却是含有品位因素的。

确实，“郡守二千石”只是泛称而已，郡守的实际秩次则复杂得多。某些要郡、大郡太守秩中二千石，这除了杨先生所举“三辅”（即京兆尹、左冯翊、右扶风）之外，三河郡（即河东、河内、河南）亦在其列，此外还包括“大郡”之属。[②] 就是说，汉郡本身原有级别高下，正如汉县有级别高下一样。[③] 这与官员功过增贬和个人秩位无关。

至于因“功过增贬”造成的郡守地位高下有别，这涉及汉代官僚政治中常见的“增秩”和“贬秩”。当时除增贬一等之外，还有“数增秩”“连贬秩”及“增秩二等”“贬秩二等”等记载。[④]

---

① 杨鸿年：《汉魏制度丛考》，“郡太守不尽二千石”条及“郡有美恶守有高低”条。

② 《汉书》卷九《元帝纪》建昭二年（前 37 年）：“益三河、[大]郡太守秩。户十二万为大郡。”益秩则为中二千石，可见三河及“大郡”之守在中二千石；又同书同卷建昭三年（前 36 年）：“令三辅都尉、大郡都尉秩皆二千石。”三辅及大郡都尉秩二千石，则郡守为中二千石。又《汉旧仪》：“元朔三年，以上郡、西河为万骑太守，月俸二万。绥和元年，省大郡万骑员，秩以二千石居。”本注：“十二万户以上为大郡太守，小郡守迁补大郡。”那么万骑太守之秩显然应该高于二千石。

③ 汉初县令长秩级为千石、六百石、五百石、三百石，后为千石、六百石、四百石、三百石四级。

④ 如《汉书》卷六八《霍光传》：“诏增此郎秩二等。”卷八九《循吏召信臣传》：“复数增秩赐金。”卷七八《萧望之传附萧咸传》：“数增秩赐金。”卷八六《师丹传》：“上贬（申）咸、（炔）钦秩各二等。”《后汉书》卷五七《李云传》：“（沐）茂、（上官）资贬秩二等。”等等。

其中黄霸之例较为典型。汉宣帝时他被任命为颍川太守，秩比二千石；后治为天下第一，征守京兆尹，秩二千石；因罪过连贬秩，诏归颍川太守官，以八百石居；郡中愈治，宣帝赐爵关内侯，黄金百斤，秩中二千石。[①] 从黄霸秩次的多次增、贬看，这显然只是一种奖惩手段。（至于君主法外施恩的增、贬，我们有理由将之排除在外。）

杨鸿年先生谓郡守的秩次差异跟个人"任职资格深浅不同"相关。但我想其间的"品位"色彩即使不能说一点儿没有，但仍不浓厚。毕竟，"职位分类"即使在现代也是相当先进的制度，我国目前也仅仅处于尝试阶段。设想汉代文官制度能够完全排除了"品位"色彩，这当然并不妥当。不过增秩、贬秩的目的，是既维持官员的职位和职责不致发生变动，同时又要褒其功绩、惩其过失；这时即使有"连增秩""连贬秩"之事，仍不过是根据职位的确定秩次来上下浮动数级而已。例如，某郡的秩次为二千石，则相应的增、贬均以"二千石"为准；"诏增此郎秩二等"，则是以郎中比三百石的原秩为准而增秩二等，反之亦然。增贬的基准既然是从属于职位的定秩，这就意味着这种做法仍以职位为本。得以"增秩"的官员，其日后升迁取决于其功绩才能，所增之秩等并未构成就任新职的秩次条件，也没有材料反映它可以被带到新职上去。也就是说，增秩、贬秩之法仍未发展到如下程度：促使禄秩转化

① 《汉书》卷八《宣帝纪》、卷八九《循吏黄霸传》。

为一种脱离职位而独立累加的“品位”序列，官员可以依其序列而稳步上升。

《汉书》卷八《宣帝纪》如淳注：“太守虽号二千石，有千石、八百石居者，有功德茂异，乃得满秩。”例如石显等建言宜试用京房为郡守，汉元帝于是以其为魏郡太守，秩八百石，是试为郡守者有八百石之例。假如这样的话，太守之职是有薪俸等级的，它可能在禄秩的十八九个等级上占据着八百石至中二千石的段落；初居者较低，此后因其功德而有提升的前景。然而这个序列仍未超越郡守这个职位。在现代职位分类体制下，同样使用“提薪”作为激励手段，不过因为工资等级限定于职级之内，而职级是从属于职位架构的，所以这并未使工资等级转化为“品位”。

类似事例又如谒者与尚书郎。据《续汉书》卷二五《百官二》：“谒者三十人，其给事谒者四百石，其灌谒者郎中比三百石。……初为灌谒者，满岁为给事谒者。”同书卷二六《百官三》注引蔡质《汉仪》：“尚书郎初从三署诣台试，初上台称守尚书郎，中岁满称尚书郎，三年称侍郎。”也就是说，谒者的薪俸等级有二，分别名以灌谒者、给事谒者；尚书郎的薪俸等级有三，分别名以守尚书郎、尚书郎及侍郎。据《续汉志》，尚书侍郎秩四百石，尚书令史二百石，那么守尚书郎和尚书郎的禄秩可以推定为比三百石、三百石。由此可见，谒者和尚书郎都在同一职位上设有提薪加秩的等差。此外三署郎有比三百石郎中、比四百石侍郎、比六百石中郎三等之别，也具有同样意义。[1]

总之，汉代太守秩次不同，其原因大略有三：一是源于各郡本身存在着高下等差，正如各县本身有高下一样；二是实施奖惩时的增秩、贬秩造成的；其三，郡守一职自身在禄秩序列上占据了一个迁升段落。至如其间关系为何，我想汉廷尚无明确规定，三种情况是同时存在的。这三者都还没有使禄秩超越职位而具有独立意义。

汉廷不断依禄秩等级向官员授予特权，例如六百石以上吏免役权[2]、六百石以上吏“先请”权[3]，二千石以上长官任子权[4]，六百石以上子弟入学权[5]，加上舆服方面的各种规定，

---

① 王克奇认为东汉“三署郎似乎并不存在中郎、侍郎、郎中三个级别，只有秩比三百石之郎中”，见其《论秦汉郎官制度》，附载于安作璋、熊铁基《秦汉官制史稿》，上册第384—385页。但是他所举证据并不强硬，对东汉史料中的中郎、侍郎诸例无法完全否定。《宋书》卷三九《百官志》记汉代三署：“凡有中郎、议郎、侍郎、郎中四等。”(按，议郎应在中郎之前)当然也可以说这是袭用《续汉志》成说。但直到魏晋以下，中郎、郎中仍有区别。如《晋书》卷三《武帝纪》：“封孙晧为归命侯，拜其太子为中郎，诸子为郎中。”同书卷一〇五《石勒载记下》：“答策上第者拜议郎，中第中郎，下第郎中。”《隋书》卷一一《礼仪六》记梁陈之制：“太中、中散、谏议大夫，议郎、中郎、郎中、舍人，朱服，进贤一梁冠。”是直至梁陈，郎官仍有等级之别，这都是沿用东汉旧制。

② 参看第29页注①。

③ 《汉书》卷八《宣帝纪》：“吏六百石位大夫，有罪先请。”《后汉书》卷一上《光武帝纪》建武三年诏：“吏不满六百石，下至墨绶长相，有罪先请。”“先请”的范围又再度扩大了。

④ 《汉书》卷一一《哀帝纪》注引《汉仪注》：“吏二千石以上视事满三年，得任同产若子一人为郎。”

⑤ 《后汉书》卷六《质帝纪》：“令……自大将军至六百石，皆遣子受业……又千石、六百石、四府掾属、三署郎、四姓小侯先能通经者，各令随家法，其高第者上名牒，当以次赏、进。”

和依禄秩赐爵、赐金等，这些做法都赋予了禄秩等级不少“品位”色彩。但无论如何，总体上说汉代禄秩是跟职位走的，依然保持着附丽于职位的特色；它并没有提供一个跟人走的序列，也还没有超越职位而发展为独立的“品位”，如同先秦爵级或唐代散阶那样。

我们当然不是说，汉代禄秩与职位业已构成了一种“职位分类”制度，把它们直接等同起来无疑是过分简单化了。[①] 不过从“职位”“品位”的区别中，毕竟可以引发出一个区分职、阶的视角，从而为古代文官等级制提供了一个便利的分析工具，开拓了研究的空间。比方说，由此就可以把汉代禄秩与唐宋那种品级、职事官、文武阶官相分相辅的复合体系，从特征性质上更为清晰地区别开来。从汉代这种“秩位职位合一制”到唐宋的“阶官职事分立制”的转型，与其间专制官僚政治倾向性的历史变迁是息息相关的。

（原刊《北京大学学报》1998 年第 6 期）

---

① 在拙作《西魏北周军号散官双授制度述论》（《学人》第 13 辑，江苏文艺出版社 1998 年）、《周齐军阶散官制度异同论》（《历史研究》1998 年第 2 期）中，我曾经把汉代禄秩称为“以职位分类为主”的制度，把唐宋阶官称为“以品位分类为主”的制度。也就是说，并不打算把禄秩、阶官分别与职位分类、品位分类等同起来，而只是以何种特色“为主”。也许可以更谨慎一些，对前者只称为“秩职合一制”，对后者采用杨树藩先生的成说，称为“阶职分立制”。汉代禄秩也不是毫无品位色彩，唐代初期俸禄依散官官品发放，但后来就改依职事官官品发放了，这又是职位分类的特征。历代文官等级制变动不居，所涉因素复杂多样，在得出较为合理的论点之前，还有大量工作要做。

汉代禄秩之从属于职位补论

我在《论汉代禄秩从属于职位》及《略论汉代禄秩的特质和倾向》[①]二文之中，引入了"品位—职位"视角，意在揭示秦汉禄秩等级制的一个重要特征："居其职方有其秩，居其职则从其秩。"由"若干石"的俸额构成的等级是附丽于职位的，它所区分的是职位的高低；若无职位的话，则官员本身无等级可言。为此，我把秦汉禄秩等级划归"职位分等"的官僚等级制类型；而唐代的"散阶"、宋代的"本官"，因其属于官员个人的品位序列，则相应划归"品位分等"类型。[②] 近日回首这两篇文章，感到还可提供一些补充材料和补充论证。这主要涉及官僚服丧期的"一度离职"性质问题，增秩贬秩问题，以及散官问题。

① 分见《北京大学学报》1998 年第 6 期、《杭州师范学院学报》1999 年第 1 期。

② 对于"品位分等"和"职位分等"概念，还可参考拙作：《品位与职位——传统官僚等级制研究的一个新视角》，《史学月刊》2001 年第 1 期。

一、服丧、解丧与“一度离职”的定性

对秦汉禄秩附丽于职位的性质，我的论证提供了如下旁证：汉代官僚因病、因丧而去官的再仕情况，显示此时朝廷不为一度离职者保留既往官资，进而说明用于维系官僚个人的“品位”，在官僚帝国的初期仍是很不发达的。

在这时候，如何看待因丧去官的性质是很关键的。汉代官僚“去官”或“弃官”是很常见的①，我把他们因丧去官看成是“非因罪过一度离职”，这个定性是否合理呢？假如因丧去官也等于辞职告别官场，那么朝廷不为这些官员保存既往官资就在情理之中，在其间辨析“品位”“职位”问题就是求之过深、强做解人了。我以往文章对此的论证还不算充分，眼下打算以新的证据，为之提供进一步的论证。

如学者所论，“汉人有因父母丧去官习惯”，“因丧去官或不到官的事例很多”。② 汉文帝以来的法定父母丧假，旧说为三十六日，但廖伯源先生对此提出了怀疑，认为西汉丧假长

① 参看铃木启造：《后汉における就官の拒绝と弃官について——“征召・辟召”を中心として》，中国古代史研究会编：《中国古代史研究》第2辑，吉川弘文馆1965年版；王彦辉：《汉代的“去官”和“弃官”》，《中国史研究》1998年第4期。铃木的着眼点主要是汉末士人与朝廷日趋疏离的现象；王彦辉先生指出“去官”是正常离职，“弃官”则是自行抛弃官位。

② 杨鸿年：《汉魏制度丛考》，武汉大学出版社1985年版，“因丧去官”条。

短无考[①]。近来江陵张家山汉简《奏谳书》所存律文提供了些许线索，秦朝或汉朝初年的丧假本来是：

> 律曰：诸有县官事，而父母若妻死者，归宁卅日；大父母、同产十五日。[②]

有人说这条律文属于秦制[③]，但也有人将之看成汉初制度[④]。如依后说，则西汉丧假就不能说完全“无考”了。居延汉简中也有不少告请丧假的记载，例如：

> 永光二年三月壬戌朔己卯甲渠士吏彊以私印行候事敢言之候长郑赦父望之不幸死癸巳予赦宁，敢言之。
>
> 第廿一燧长尊母不幸死诣官取宁……
>
> ☐取宁□六十二日不到官移居延亟遣[⑤]
>
> 第廿七燧长宣妻不幸死诣官取急六月癸☐
>
> 重追木中队长徐忠同产姊不幸死宁日尽移居延

---

① 廖伯源：《汉官休假杂考》，《“中央研究院”历史语言研究所集刊》第65本第2分册，1994年。

② 江陵张家山汉简整理小组：《江陵张家山汉简〈奏谳书〉释文》(二)，案例二一，《文物》1995年第3期。

③ 彭浩：《谈〈奏谳书〉中秦代和东周时期的案例》，《文物》1995年第3期。

④ 李学勤：《〈奏谳书〉解说(下)》，《文物》1995年第3期。附带说，这条法律中丧妻的丧假同于父母而重于丧大父母，与儒家丧服礼不合。儒家礼书所载礼制，为父母斩衰三年，为妻与为祖父母齐衰三年。这一点也是很有意思的。

⑤ 引自谢桂华、李均明、朱国炤编：《居延汉简释文合校》57.1A、264.10、185.29，文物出版社1987年版，上册第100、439、297页。

一事一封　正月丙戌尉史忠封

第十燧长望母不幸死诣官取急

延都□德谓甲渠塞候移角乐得令建书曰延寿同

里杨合众病死猛为居延甲渠候长愿以令取宁

当乘燧案　骏谊业取急父死　骏等处缺①

尹湾汉简的《东海郡下辖长吏不在署、未到官者名籍》中也有六人归宁的记录：

郯令华乔十月廿一日母死宁

襄贲左尉陈褒十一月廿日兄死宁

□□丞□□□□月廿八日伯兄死宁

利成丞儿勋八月十九日父死宁

厚丘左尉陈逢十月十四日子男死宁

曲阳尉夏筐十月廿五日伯父死宁②

归宁的日期被详细记录下来，在销假视事时显然有案可稽。可见当时侯相、县令、县尉、县丞遇到父母及兄弟、子弟、叔伯之丧，都可“取宁”。

居延汉简及尹湾汉简所反映的是西汉情况，当时这些取

① 《居延新简》E. P. T48：138、E. P. T50：9、E. P. T52：213、E. P. T59：53. 54、E. P. F22：276，文物出版社1990年版，第141、152、243、362、495页。

② 其中共有六人告假，其中郚乡侯相李临为告病。《尹湾汉墓简牍》，中华书局1997年版，第97—98页。第四条“伯兄”或当作“伯父”。

宁者可能是按法定丧假重新视事的[1]，而法定丧假不过十几天或几十天而已，比儒家丧礼短得多了。这种时间很短的法定丧假，与我们所要讨论的“一度离职”还是“告别官场”没多大关系。至于汉儒鼓吹的三年丧制，朝廷时行时废。赵翼：“是终汉之世，行丧不行丧迄无定制”，不过“士大夫有独行己见、持服三年者，遂以之得名”。[2] 东汉官僚的守制对象，不仅有父母、祖父母，还发展到叔伯、兄弟、姐妹、从兄弟、伯母等等，甚至还有以师丧而去官[3]、以长官丧而去官者[4]，以致我们有时会怀疑，会不会有官僚把一生大部分年头都花在守制服丧上了。

在朝廷“绝告宁之典”的时候，从制度上说官员便无行服的权利。廖伯源云：“故(东汉)官员欲为父母行三年之丧者，除上书辞职外，唯有弃官归家一途。”[5]问题也就发生在这里：汉廷大部分时间不实行三年丧假，设若因丧去官便等于自行辞职，同于白丁，这与后代存在三年丧假的情况就有了不同：既然已为白丁，那么讨论其再仕官资便失去了意义，这些官

① 居延汉简中看不出丧假的长短。赵沛、王宝萍认为是 36 天的丧假，这个判断是参照文献做出，见其《西汉居延边塞休吏制度》，《西北史地》1993 年第 3 期。

② 赵翼：《陔余丛考》卷一六“汉时大臣不服父母丧”条，栾保群、吕宗力校点，河北人民出版社 1990 年版，第 252 页。

③ 参看顾炎武：《日知录》卷一五“期功丧去官”条，栾保群、吕宗力校点：《日知录集释》，花山文艺出版社 1991 年版，上册第 702—705 页。

④ 参看赵翼：《廿二史札记》卷五“东汉尚名节”条，王树民：《廿二史札记校证》，中华书局 1984 年版，第 102—103 页。

⑤ 廖伯源：《汉官休假杂考》。

员从较低官职再度起家是理所当然。但我以为事情还没那么简单。由于因丧离职太过普遍，渐成世风，朝廷便逐渐把因丧离职默认为惯例了，东汉很可能就是这种情况。这主要是就二千石以下官员而言的。

东汉“行丧不行丧迄无定制”、丧制之屡次废兴，主要关涉于“二千石以上大臣”的高级官僚层次①。《后汉书》卷五《安帝纪》元初三年(116 年)：“初听大臣、二千石、刺史行三年丧。”又安帝建光元年(121 年)：“复断大臣二千石以上服三年丧。”同书卷六四《赵岐传》：桓帝永兴二年(154 年)“辟司空掾，议二千石得去官为亲行服，朝廷从之”；卷七《桓帝纪》永兴二年(154 年)：“初听刺史、二千石行三年丧服”；《桓帝纪》延熹二年(159 年)：“复断刺史、二千石行三年丧”；同书卷六二《荀爽传》桓帝延熹九年(166 年)荀爽对策：“今之公卿及二千石，三年之丧，不得即去，殆非所以增崇孝道而克称火德者也。”至于位在公卿、郡守、刺史之下或之外的官员服丧，东汉并无明确禁令，邓太后还有“长吏以下不为亲行服者，不得典城选举”之诏，鼓励长吏行服。洪适《隶续》卷十六《北海相景君碑阴》“跋尾”历举议郎、令长、国相等服丧例，及碑阴“行三年服者凡八十七人”之辞，指出“则解组居庐，仅

① 可参钱大昕《三史拾遗》卷四《邓彪传》：“晦之曰：邓彪本太仆，而以光禄大夫行服；桓郁本越骑校尉，而听以侍中行服；桓焉本太子太傅，而听以大夫行丧。盖侍中、光禄大夫无定员，亦无专职，且非中二千石。即有以忧乞身者，或可听许；其实仍遵旧制，公卿二千石不行三年服也。”《二十五史三编》，岳麓书社 1994 年版，第 5 册第 80 页。

行于下僚”，“当其时二千石已上不行三年之服，而令长小(阙)……”①意谓二千石以下的令长小吏仍以行丧为习惯做法。又李调元《金石存》卷六同碑跋语亦云：“是三年之丧，固不得尽人行之矣。而繁阳令杨君，则以叔父薨去官，荆州刺史度尚以从父忧去官，合阳令曹全以同产弟忧去官，则又何也？且更可异者，三年之丧，在位卿大夫不得致之于亲，而故吏故民又往往用之于其长。如此碑云，行三年服者八十七人……”②连为故主服丧者都如此众多，则为亲服丧行为之普遍，可想而知。既然朝廷默认了选择奔丧的权利，那么去官服丧就和自行辞职、因故罢免不一样了，多少有了“一度离职”的性质。

《后汉书》卷五《安帝纪》永初元年(107 年)九月：

> 丁丑，诏曰：“长吏被考竟未报，自非父母丧，无故辄去职者，剧县十岁、平县五岁以上，乃得次用。”

李贤注“考竟未报”：“考谓考问其状也，报谓断决也。”对这诏文可做两种解释：第一，长吏在“被考竟未报”时不得“无故辄去职”，在“非父母丧”时也不得“无故辄去职”；第二，只有那些“被考竟未报”的长吏，“自非父母丧”才不得“无故辄

① 洪适：《隶释·隶续》，中华书局 1985 年版，第 429 页。

② 《石刻史料新编》，台湾新文丰出版公司 1982 年第 2 版，第 9 册第 6644 页。

去职”，但逢“父母丧”则“考竟未报”也得去职。无论哪种情况，总之这诏书认定了因父母丧而去职的合情合法，推测三年丧毕即可“次用”了。擅自去职的相应惩罚是延长其候选时间：“剧县十岁、平县五岁以上，乃得次用。”平县令长事务稍简，而剧县县令职任重大，故后者惩罚加倍。既然因父母之丧而去职就用不着延长“次用”时限，则这位去职长吏并未彻底告别公职，他依然拥有某种候选资格而有异于白丁。“被考竟未报”者是这种情况，其他情况遂可类推。

又查《后汉书》卷三九《刘恺传》：

> 旧制，公卿、二千石、刺史不得行三年丧，由是内外众职并废丧礼。元初(安帝年号，114—120年)中，邓太后诏：长吏以下不为亲行服者，不得典城选举。时有上言牧守宜同此制，诏下公卿，议者以为不便。恺独议曰：“诏书所以为制服之科者，盖崇化厉俗，以弘孝道也。今刺史一州之表，二千石千里之师，职在辩章百姓，宣美风俗，尤宜尊重典礼，以身先之。而议者不寻其端，至于牧守则云不宜，是犹浊其源而望流清，曲其形而欲景直，不可得也。”太后从之。

安帝元初时“公卿、二千石、刺史不得行三年丧”已是“旧制”了。此前安帝永初年间车骑将军邓骘丧母，“乞身行服，章连上，太后许之”[1]，是为“不得行三年丧”之一证。而“长吏以下不为亲行服者，不得典城选举”，乃是元初中邓太后所建新制。与公卿、守、刺比照，可知这里的“长吏”指的是低于公卿、守、刺的地方官员，如令长一类。前引《安帝纪》中的永初元年诏书所云“长吏”也是剧县或平县的令长，他们如因丧去职则依然拥有“次用”资格。也就是说，综合《安帝纪》和《刘恺传》，安帝元初之前，公卿、大臣、郡守、刺史遵从着“不得行三年丧”的规定，县级长吏行服与否则在两可之间，听凭官员择其所欲。

以行丧为习惯做法的，可能还不止地方的令长小吏，甚至可能包括千石左右的中央官员。《后汉书》卷三三《虞延传》：

> 永平初，有新野功曹邓衍，以外戚小侯每豫朝会，而容姿趋步，有出于众，显宗目之，顾左右曰：“朕之仪貌，岂若此人！”特赐舆马衣服。延以衍虽有容仪而无实行，未尝加礼。帝既异之，乃诏衍令自称南阳功曹诣阙。既到，拜郎中，迁玄武司马。衍在职不服父丧，帝闻之，乃叹曰：“知人则哲，惟帝难之。信哉斯言！”衍惭而退，由是以延为明。

注：“玄武，宫之北门也。每宫城门皆有司马一人，秩千石，见《续汉志》。”又《续汉书》卷二五《百官志二》：“宫掖门，

---

① 《后汉书》卷一六《邓骘传》。

每门司马一人，比千石。”我们看到，邓衍的腆颜“在职不服父丧”，连汉明帝都看不入眼，因龙颜不悦只好羞惭辞职。可见中央朝廷比千石左右的官员，如玄武门司马之类，其实也有“解组居庐”、辞官服丧义务，尽管制度上尚无硬性规定。

对满天下都是的去官行丧者，其终丧再仕时东汉官府作何处理呢？东汉《雁门太守鲜于璜碑》提供了重要线索：

> 迁赣揄令，经国帅下，政以礼成。丧父去官，服终礼阕。复应三公之招，辟大尉府。（以上碑阳）
>
> 遂迁宰国，……父君不豫，弃官奉丧。……五五之月，令丞解丧，州辟典部，入领治中。大尉聘取，上辅机衡。（以上碑阴）①

鲜于璜以赣揄令“弃官奉丧”，而且是“五五之月”即三年丧，不只三十六日而已。丧毕便是“令丞解丧”，这四个字很值得推敲。张传玺先生以“释服”“夺服”释“解丧”：“为丧服未满，朝廷命本县令丞强令出任。”不过既然碑阳的“服终礼阕”，张先生也认为是“服三年丧毕”的意思②，就是说鲜于璜

---

① 天津市文物管理处考古队：《武清东汉鲜于璜碑》，《考古学报》1982年第3期。

② 张传玺：《东汉雁门太守鲜于璜碑铭考释》，《秦汉问题研究》，北京大学出版社1985年版，第389、379页。张先生的文章把“服终礼阕”引作“服终礼阙”，“阙”字似误。“礼阙”的意思是礼数不足，《后汉书》卷一〇上《皇后纪上》：“（和）帝以贵人酷殁，敛葬礼阙，乃改殡于承光宫。”而《鲜于璜碑》的“服终礼阕”意同“服阕”，如《资治通鉴》卷一三七“陛下祥练已阕，号慕如始”、《晋故武威将军魏君柩铭》“息曰忠等，礼服阕竟”之类。高文先生亦释“服终礼阕”为“守孝终了，丧礼已毕”，见其《汉碑集释》，河南大学出版社1997年版，第285、289页。

尽足了孝心，并没有提前终止丧期，那么我想“令丞解丧”就应该另作他解。鲜于璜“解丧”后“州辟典部”，张先生解释说“典部，掌管州部事”。但我想“典部”应是州府的部郡国从事[①]，此官不由朝廷任命，而是刺史自辟的，那么从这一点看也不能说“朝廷强令出任”。“令丞解丧”的合理解释似乎应该是：鲜于璜“弃官奉丧”至“五五之月”，便前往县廷去办理“服终”手续，由令丞予以“解丧”，从而再度获得了任职资格。

《后汉书》卷四六《陈忠传》：“元初三年有诏，大臣得行三年丧，服阕还职。”大臣在“得行三年丧”时，“服阕还职”之际必定有个正式程序，它类似于鲜于璜的“解丧”。既然服终时存在着正式的“解丧”手续，那么就等于朝廷承认了县令是可以服三年丧的。根据碑文，鲜于璜为父行丧之事，应在东汉安帝元初三年(116 年)“初听大臣、二千石、刺史行三年丧”的诏书之前。那么可以推测，在此之前汉廷已经允许县级长吏行三年丧了。附带说，《鲜于璜碑》既云“丧父去官”，又云“弃官奉丧”，那么学者所区分的“去官”“弃官”之别，在汉代实际并不那么严格。

也就是说，虽然汉代的许多时候、许多官员没有后代那种正式的三年丧假，但“圣典有制，三载已究”[②]，“素王”订下的“三年丧”这个规矩，还是逐渐习惯成自然了。所以东汉

① 《续汉书》卷二七《百官志四》：“其余部郡国从事，每郡国各一人，主督促文书，察举非法，皆州自辟除，故通为百石云。”

② 《北海相景君碑》，《金石萃编》卷七，陕西人民美术出版社 1990 年版，第 1 册。

朝廷已经承认了因丧去职者的某种资格和身份，因丧离职三年并不因此就变成了白丁。为此，我们有理由把因丧去职视为“一度因故中断勤务”，而并不看成彻底告别公职。当然，因丧去职者的身份在汉代仍是相当模糊的，而揭示这样一点正是我们的兴趣所在。

二、尹湾汉简所见“贬秩”

我们认为“居其职方有其秩，居其职则从其秩”是汉代禄秩的基本精神，不过汉廷也经常使用“增秩”“贬秩”作为一种官员管理手段，而这就造成职位和等级的不相一致。对此我的相应看法是：一方面，这种“增”“贬”与官僚资格相关，它确实含有“品位”因素；但另一方面，增贬的基准既然是从属于职位的定秩，所增之秩并未构成就任新职的秩次条件，也没有材料反映它可以被带到新职上去，则总体上说这种做法仍以职位为本。附带说，东汉顺帝时左雄仍在建议“臣愚以为守相长吏惠和有显效者，可就增秩，勿使移徙”[①]，可见直到东汉中后期，这“增秩”做法仍有限度，否则用得着左雄费唇舌建议么。[②]

---

① 《后汉书》卷六一《左雄传》。

② 顺便说，清代也有地方官“升衔留任”的做法，乾隆十六年(1751 年)谕，说这种做法“合古增秩进阶之义”，但又规定了留任必须满五年方可题补，以免“转启规避之端”。《钦定大清会典事例》卷七一《吏部·汉员升补》，台湾新文丰出版公司 1976 年影印本，第 7 册，第 6006 页。

下面利用汉简为有关讨论补充一些材料。居延汉简里面也能看到“增秩”“贬秩”的情况[①]。尹湾汉简的《东海郡吏员簿》中，东海郡有一位都尉秩真二千石，而郡太守反倒可能是秩比二千石，属官秩高于长官。朱绍侯先生认为，这是基于镇压山阳铁官徒暴乱之需，提高了军事指挥官的权力和地位所致。[②] 而我的猜想略有不同：可能是因为这位都尉镇压有功增秩所致。

在尹湾汉墓的《东海郡下辖长吏名籍》简牍里，还可考见若干“贬秩”记录：

> 昌虑左尉沛郡谯丁禁故贬秩郎中
>
> 良成尉□□□□□□□故贬秩山□□□
>
> 平曲侯国尉颍川郡郾殷临故贬秩□□
>
> 郚乡丞淮阳国□营忠故贬秩东昌相[③]

其中第二条的良成尉某某、第三条的平曲侯国尉殷临，其原官无从考察；第一条丁禁、第四条营忠，其现职与故职则可资比较。营忠所任之“郚乡丞”，据《东海郡吏员簿》应为

---

① 例如《居延新简》E. P. T2：45 的“以诏书增秩”，E. P. T56：306 的“吏二千石贬秩”，文物出版社 1990 年版，第 5、328 页。

② 朱绍侯：《〈尹湾汉墓简牍〉是东海郡非常时期的档案资料》，《史学月刊》1999 年第 3 期。

③ 《东海郡下辖长吏名籍》，《尹湾汉墓简牍》，第 90、91、93 页。

二百石，而其故职东昌相约三百至四百石[①]，就是说他的现秩低于故秩。丁禁之故职郎中应为比三百石，现职昌虑左尉，此官据《东海郡吏员簿》应为二百石[②]。比照营忠的情况，丁禁也因为现秩低于故职，故称“贬秩”[③]。

丁禁、营忠二人贬秩后的任官都低于原官，这应该视作贬秩的直接结果。《东海郡下辖长吏名籍》对所属各位官吏都记录了其升迁缘由，诸如“以秀才迁”“以功迁”“以捕群盗尤异除”“以廉迁”“以请诏除”“故将军史以十岁补”之类，但以上四位贬秩者却均无“以……迁”记载。对此的合理解释，就是他们四人是贬至其职的，所以不能以“迁”相称。那么丁禁、营忠二人所任之现职与现秩应是一致的，其原职与原秩也应是一致的。相应地，良成尉某某和平曲侯国尉殷临，也应该是因“贬秩”而免去原职、另行降职使用的例子。既然遭到“贬秩”就不能居于原职，那么我们在此所看到的，仍是“居其职则从其秩”的原则。

---

① 《东海郡吏员簿》：“鄅乡吏员……丞一人，秩二百石。”《尹湾汉墓简牍》，第82页以下。东昌属冀州信都国，为侯国，见《汉书》卷二八下《地理志下》。侯国相约四百石至三百石，《东海郡吏员簿》亦可提供证明。

② 《东海郡吏员簿》：“昌虑……尉二人，秩二百石。”《尹湾汉墓简牍》，第82页。

③ 李解民先生认为，丁禁故官郎中“如其系比三百石郎中则是降了，如系比二百石郎中则是升了，未能遽定”。见其《〈东海郡下辖长吏名籍〉研究》，收入《尹湾汉墓简牍综述》，科学出版社1999年版，第68页。廖伯源先生则谓：“按郎中秩比三百石，郎中贬秩当贬为二百石或比二百石，外迁为昌虑左尉。”见其《简牍与制度——尹湾汉墓简牍官文书考证》，台北文津出版社有限公司1998年版，第161页。按，既然称为“贬秩”，那么原秩就应高于现职才对，丁禁“故郎中”应系比三百石郎中。

在尹湾简牍的《东海郡下辖长吏不在署、未到官者名籍》里，“右十人缺　七人死　三人免”一栏中再度出现了“部乡丞营忠”。[1] 曾遭贬秩而降职为部乡丞的营忠又犯了什么罪过，最终连“部乡丞”也给弄没了。按照汉制，对连续犯下的几项罪过，罚俸赎罪、贬秩、免官大略是一步重于一步的惩罚。《后汉书》卷四六《陈忠列传》：“宜纠增旧科，以防来事。自今强盗为上官若它郡县所纠觉，一发，部吏皆正法，尉贬秩一等，令长三月奉赎罪；二发，尉免官，令长贬秩一等；三发以上，令长免官。便可撰立科条，处为诏文，切敕刺史，严加纠罚。”语称“纠增旧科”指的是惩罚力度加大，至于对连犯者依次给予罚俸赎罪、贬秩和免官惩罚，本是“旧科”而非新制。当然，营忠初次贬秩即降职使用，而陈忠规划的科条初次贬秩并不降职。按，县尉有四百石、三百石、二百石三秩[2]，县丞亦然，这三个秩级就可供“贬秩”之用。可以设想一下：营忠是最低一等的二百石丞，所以一遭处罚就得免官；但假如营忠是三百石丞就不致免官了，因为下边还有二百石一级接着他呢，贬其秩为二百石，就足以构成同等力度的惩

---

① 《尹湾汉墓简牍》，第 98 页。

② 《汉书》卷一九上《百官公卿表》：县“皆有丞、尉，秩四百至二百石，是为长吏”。《尹湾汉墓简牍》为此提供了证明。

罚了。[1]

总之，就是从尹湾汉简的材料看，增秩、贬秩之法也未发展到如下程度：促使禄秩转化为一种脱离职位而独立累加的“品位”序列，“禄秩从属于职位”依然是汉代禄秩等级的鲜明特色。

三、汉代散官的特征

唐代的文散阶由散官组成，它们以“大夫”和“郎”为名，史家在溯源时往往把它们追溯到汉代的大夫、郎官。魏晋以下散官日益繁衍委积，为士族贵公子们提供了众多“平流进取”“坐享天禄”之位。就是由于这些散官的不断虚衔化所导致的“官、职分离”，才逐渐演化出了唐代独立于职事官的文散阶序列。汉代散官是唐代文散阶的远祖，那么它们总归是有

---

① 当然，丁禁原是比三百石郎中，“贬秩”时似乎也可采取降秩为比二百石郎中的做法。但郎官的情况稍有特殊，他们的限满出补以丞、尉为其常途。《后汉书》卷四《和帝纪》永元元年(89 年)三月：“初令郎官诏除者，得占丞、尉，以比秩为真。”注引《汉官仪》：“羽林郎出补三百石丞、尉，自占。丞、尉小县三百石，其次四百石，比秩为真，皆所以优之。”又同书卷五《安帝纪》元初六年(119 年)二月：“诏三府选掾属高第、能惠利牧养者各五人，光禄勋与中郎将选孝廉郎宽博有谋、清白行高者五十人，出补令、长、丞、尉。”这虽然是东汉制度，但可供类推西汉。陈勇指出：“《东海郡下辖长吏名籍》所列县长吏中由郎吏除补者，计有侍郎 2 人，郎中 5 人，郎中骑 2 人，贬秩郎中 1 人，共 10 人。可证郎吏确系县级长吏的重要来源。”参看其《尹湾汉墓简牍与西汉地方官吏任迁》，收入《尹湾汉墓简牍综论》。按，若不计“郎中骑”，余八人所除包括郯右尉、阴平相、建陵相、建陵丞、都阳相、合乡长、昌虑左尉、山乡侯家丞，亦证长、相、丞、尉是郎官外补之通途。或许“故郎中”丁禁之为昌虑左尉，系“贬秩”与“出补”同时实施，具有双重性质。

些特别之处，才使后来的演化成为可能；同时汉代散官和唐代散阶又有很大区别，由此又可供探索汉唐官僚等级制的异同缘由。

战国已有“不治而论议”的大夫之位了。史称齐国稷下学宫的列大夫们“不仕”“不宦”而“受上大夫之禄，不任职而论国事”，余英时先生因谓：“即不在官僚系统之中，所以依然能保持‘士’的身份。”①《管子·山至数》有“散大夫”，马非百释为“列大夫”②。楚汉相争时“列大夫”仍被用为爵位③，那么先秦的列大夫也应是爵位，所以他们未必“不在官僚系统之中”。“大夫”之称因其传统荣耀，后来还成了“贵者”的泛称。④

汉代治事而有官属的官职有印绶，不治事、无官属之官则无印绶。诸大夫“掌论议”，郎官“掌守门户，出充车骑”⑤，他们都无日常行政事务，当然也无印绶，属于散官。初看“散官”之名，顾名思义似是闲散无事之官。《后汉书》卷七十《孔融传》：“复拜太中大夫。……及退闲职，宾客日盈其门。”李

---

① 余英时：《士与中国文化》，上海人民出版社 1987 年版，第 58 页。

② 马非百：《管子轻重篇新诠》，中华书局 1979 年版，第 379 页注[2]。

③ 《史记》卷九五《樊郦滕灌列传》：“常从沛公击章邯军濮阳，攻城先登，斩首二十三级，赐爵列大夫。”

④ 《汉书》卷一上《高祖纪》：“（萧何）令诸大夫曰：‘进不满千钱，坐之堂下。’”师古曰：“大夫，客之贵者总称耳。”又卷四《文帝纪》十二年（前 168 年）诏：“孝悌，天下之大顺也。力田，为生之本也。三老，众民之师也。廉吏，民之表也。朕甚嘉此二三大夫之行。”

⑤ 《汉书》卷一九上《百官公卿表》。

贤注："太中大夫职在言议，故曰闲职。"杨鸿年先生因谓："据此，可知大夫乃系一种'闲职'。盖大夫所掌，计有论议、谏诤、顾问应对、拾遗补阙、奉使出差等等。所谓论议、谏诤云云，空空洞洞，本不具体。奉使出差，又是临时性质。也就难怪大夫是一种'闲职'了。因为大夫是'闲职'，所以两汉当权执政的人，就往往用大夫来安置以下几种人物。一、病人，二、因政治原因不愿仕宦的人，三、不宜做某些官员的人。"[①]

从一方面看，散官没有固定职事，所以才会被用作服丧、养疾或致仕养老之位。在西汉之时，少数得蒙殊恩的大臣可由大夫之职致仕，如石奋以上大夫归老于家，岁时预朝请[②]。在官员遭遇病、丧而离职之时，特许他们转居散官也属格外优遇。桓郁以侍中行服，桓焉、仲定以大夫行丧，鲁峻、刘衡以议郎服丧，胡硕以侍中养疾，傅喜以大夫养病，刘祐、索卢放以病乞身而任以大夫，以及胡广致位后被加以"特进"之号，都属其例。[③] 洪适云："肃宗时越骑校尉桓郁以母忧乞身，诏公卿议，皆以郁身为名儒，学者之宗，可许之，诏听以侍中行服。后其子焉为太子太傅，以母忧自乞，听以大夫

① 杨鸿年：《汉魏制度丛考》"大夫"条。

② 《汉书》卷四六《石奋传》。

③ 分见《后汉书》卷三七《桓郁传》、《廷尉仲定碑》（赵明诚《金石录》卷一六，《隶释》卷二五，中华书局1985年版，第265页）、《司隶校尉鲁峻碑》（《隶释》卷九，第101页）、《赵相刘衡碑》（《隶释》卷一七，第171页）、蔡邕《陈留太守胡硕碑》（《全后汉文》卷七五，《全上古三代秦汉三国六朝文》，中华书局1958年版，第1册第882页）、《汉书》卷八二《傅喜传》、《后汉书》卷六七《刘祐传》、卷八一《索卢放传》、蔡邕《太傅胡广碑》（《全后汉文》卷七五，第1册第885页）。

行丧。二公缠陟屺之痛，皆避剧就闲，与鲁君以议郎行服同。”[①]对丁忧罹病的官僚不能旷位以待其服阕，原职要由新官主持；本人则优赐散官，使之继续享有俸禄名位。当然这反过来也说明，官员以丧或以疾去官之时，如无朝廷特恩，就将丧失原有禄位。至于不擅拨烦理剧而徒能“论议”者，也以处之散官为宜。例如哀帝使光禄大夫龚胜出守右扶风，“数月，上知胜非拨烦吏，乃复还胜光禄大夫”[②]。

从较长时段看，比如说到了东汉后期，诸大夫、郎官确实也在日趋闲散[③]。不过在西汉和东汉初年时，情况还未必完全如此。诸大夫的“奉使出差”虽属“临时性质”，却未必是微末事务。比如说，汉代的大夫经常被派出去“循行天下”，前往郡国巡视、存问、布政、察举，这在沟通中央与地方上具有重要意义：

> 宣帝元康四年(前 62 年)：遣中大夫强等十二人循行天下，存问鳏寡，览观风俗，察吏治得失，举茂材异伦之士。(《汉书》卷八《宣帝纪》)
>
> 元帝初元元年(前 48 年)诏：临遣光禄大夫褒等十二人，循行天下，存问耆老鳏寡孤独困乏失职之

① 洪适：《司隶校尉鲁峻碑跋》，《隶释》卷九，第 101 页。“陟屺之痛”指代丧母，参《诗经·魏风·陟岵》。

② 《汉书》卷七二《龚胜传》。

③ 例如，《后汉书》卷五四《杨震列传》：“时郡国计吏留拜为郎，秉上言三署见郎七百余人，帑臧空虚，浮食者众……”

民，延登贤俊，招显侧陋，因览风俗之化。(《汉书》卷九《元帝纪》)

元帝建昭四年(前35年)诏：临遣谏大夫、博士赏等二十一人循行天下，存问耆老鳏寡孤独乏困失职之人，举茂材特立之士。(《汉书》卷九《元帝纪》)

成帝永始三年(前14年)：临遣大中大夫嘉等循行天下，存问耆老，民所疾苦。其与部刺史举惇朴逊让有行义者，各一人。(《汉书》卷一〇《成帝纪》)

如果遇到临时事宜或变故，朝廷往往派遣大夫受命前往处理：

景帝中元二年(前148年)诏：王薨，遣光禄大夫襚祠赗，视丧事，因立嗣子。列侯薨，遣太中大夫吊祠，视丧事，因立嗣。(《汉书》卷二《景帝纪》)

成帝建始三年(前30年)诏：乃者郡国被水灾，流杀人民，多至千数。京师无故讹言大水至，吏民惊恐，奔走乘城。殆苛暴深刻之吏未息，元元冤失职者众。遣谏大夫林等循行天下。(《汉书》卷一〇《成帝纪》)

成帝河平三年(前26年)：遣光禄大夫、博士嘉等十一人行举濒河之郡水所毁伤困乏不能自存者，财振贷。……举惇厚有行能直言之士。(《汉书》卷一〇《成帝纪》)

成帝鸿嘉元年(前20年)诏：临遣谏大夫理等，举

三辅、三河、弘农冤狱。(《汉书》卷一〇《成帝纪》)

成帝绥和二年(前7年)哀帝诏：乃者河南、颍川郡水出，流杀人民，败坏庐舍。朕之不德，民反蒙辜，朕甚惧焉。已遣光禄大夫循行举籍，赐死者棺钱，人三千。(《汉书》卷一一《哀帝纪》)

平帝元始元年(1年)：遣谏大夫行三辅，举籍吏民，以元寿二年仓卒时横赋敛者，偿其直。(《汉书》卷一二《平帝纪》)

(王)莽又多遣大夫、谒者分教民煮草木为酪，酪不可食，重为烦费。(《汉书》卷九九下《王莽传》)

光武帝建武五年(29年)：帝使太中大夫持节拜官为辅威将军。(《后汉书》卷一八《臧官传》)

各种职能机构的官吏各有其日常事务，分身乏术，那么各种临时事宜差使，依惯例便要落到散官大夫们的头上。[①] 由

---

① 以大夫身份受任出使，又如中大夫朱某、中大夫意、光禄大夫张猛出使匈奴，分见《史记》卷九七《郦生陆贾列传》、卷一一〇《匈奴列传》，《汉书》卷六一《张骞传》；太中大夫陆贾、谏大夫终军出使南越，分见《史记》卷九七《郦生陆贾列传》、卷一一三《南越列传》；光禄大夫义渠安国使行诸羌，见《汉书》卷六九《赵充国传》；光禄大夫常惠前往敦煌，见《汉书》卷九六下《西域传》；段会宗以光禄大夫使乌孙，见《汉书》卷七〇《段会宗传》；谏大夫贡禹参与杂考刘更生，见《汉书》卷三六《楚元王传》；太中大夫任宣受任辨认汉宣帝外家，见《汉书》卷九七上《外戚传》；太中大夫吾丘寿王受任规划上林苑，见《汉书》卷六五《东方朔传》；太中大夫张匡受任持节和解夜郎王兴与钩町王禹，见《汉书》卷九五《西南夷传》；谏大夫桓谭受任班诏天下，见《汉书》卷九九上《王莽传上》；谏大夫如普受任巡视边防，见《汉书》卷九九中《王莽传中》；等等。

上还能看到一些人是先受出使之任，随后才加大夫之衔的，可见大夫们承担出使乃是惯例，如果原来不是大夫也要即时任为大夫，看上去才名正言顺。

这样看来，大夫们还不是一年到头优游禄位。其所承担的差使甚至还包括金戈铁马、洒血疆场，例如：

> 武帝建元六年(前135年)：闽越围东瓯，东瓯告急。遣中大夫严助持节发会稽兵，浮海救之。(《汉书》卷六《武帝纪》)
>
> 武帝天汉(前100—前97年)中徐勃起事：乃使光禄大夫范昆、主部都尉及故九卿张德等，衣绣衣、持节虎符，发兵以兴击，斩首大部，或至万余级。(《史记》卷一二二《酷吏列传》)
>
> 光武帝建武三年(27年)：(邓晨)拜光禄大夫，使持节监执金吾贾复等击平邵陵、新息贼。(《后汉书》卷一五《邓晨传》)
>
> 光武帝建武五年(29年)：(张纯)拜太中大夫，使将颍川突骑安集荆、徐、扬部，督委输，监诸将营。(《后汉书》卷三五《张纯传》)
>
> 光武帝建武三年(27年)：(高)峻据高平，畏诛坚守，建威大将军耿弇率太中大夫窦士、武威太守梁统等围之，一岁不拔。(《后汉书》卷一六《寇恂传》)

光武帝时大夫参与战事的情况尤多，出使监军的又如太中大夫王遵、郑兴，率兵从征的又如太中大夫马援、臧宫[①]。汉代有些大夫出征时被加以“将军”之号[②]，但这是临时性的。大庭修指出：“本来将军是为征伐叛乱和进行外征而临时设置的官职，因此，战事一旦结束，将军就被罢免，这是武帝以前大体上的原则。因此，被任命为什么官的人，征战结束仍旧任原来的官职。”[③]这个原则也应适用于大夫。

还可指出的是，在经营西域的事业上“大夫”曾有特殊贡献。《汉书》卷一九上《百官公卿表》：“西域都护，加官，宣帝地节二年(前68年)初置，以骑都尉、谏大夫使护西域三十六国。”“西域都护”最初不是官名而是职事的加号，它的最初形式是以“骑都尉、谏大夫”来“使护西域三十六国”。这不是突发奇想而是有制度根据的。汉廷出使异域者往往以“大夫”为之，规取西域时又常常派“使者”前行。《汉书》卷九四上《匈奴传》：“马宏者，前副光禄大夫王忠使西国，为匈奴所遮，忠战死，马宏生得，亦不肯降。”这些前往“西国”的“使者”，本

---

① 分见《后汉书》卷一三《隗嚣传》、卷三六《郑兴传》、卷一五《来歙传》、卷一八《吴汉传》。

② 《史记》卷一〇八《韩长孺列传》武帝元光元年(前134年)：“太中大夫李息为材官将军。”《史记》卷一一一《卫将军骠骑列传》武帝元光五年(前130年)：“大中大夫公孙敖为骑将军，出代郡”；武帝元封四年(前107年)：“(郭昌)以太中大夫为拔胡将军，屯朔方。还击昆明，毋功，夺印。”

③ 大庭修：《秦汉法制史研究》，林剑鸣等译，上海人民出版社1991年版，第317页。

来就有任以“大夫”的情况①。

有趣的是学者还指出，西域都护的前身应是“使者校尉”②。在《汉书·西域传》“置使者校尉领护”一语中，“使者”与“校尉”是一事还是二事，其实不必过分拘泥。汉宣帝神爵（前61—前58年）中以郑吉为都护西域骑都尉，史家叙述西域都护往往以此为始③，而且把“都护”和“西域骑都尉”连为一官④；此外学者还有“以骑都尉谏大夫出任”⑤、“由中央政府委派骑都尉或谏大夫充任”⑥一类含糊其词的说法。余太山先生取《汉百官公卿表》西域都护“地节二年初置说”，又以《景武昭宣元成功臣表》参证之，谓神爵二年时郑吉的本职实际只是“骑都尉、光禄大夫”⑦。安作璋先生认为《百官表》“骑都

---

① “西国”即“西域”。又《汉书》卷七〇《傅介子传》谓，楼兰王安归曾“候遮汉使者，发兵杀略卫司马安乐、光禄大夫忠、期门郎遂成等三辈”。“三辈”即前后三个使团，“光禄大夫忠”即王忠，这里又说为楼兰王所杀，其时楼兰与匈奴相结抗汉也。

② 参看张维华：《西汉都护通考》，《汉史论集》，齐鲁书社1980年版，第245页以下；余太山：《两汉魏晋南北朝与西域关系研究》“四、两汉西域都护考”，中国社会科学出版社1995年版，第233页以下。

③ 《汉书》卷九七《郑吉传》：“都护之置自吉始。”或说西域都护始于宣帝神爵三年（前59年），如《新疆简史》，新疆人民出版社1980年版，第1册第37—38页。林剑鸣《秦汉史》采用了这一说法，见其《秦汉史》，上海人民出版社199年版，上册第501页。但《汉书》卷八《宣帝纪》神爵二年（前60年）春二月诏已有“使都护西域骑都尉郑吉应日逐”语，故又有学者谓在神爵二年，如苏北海：《西域历史地理》，新疆大学出版社1988年版，第88页。

④ 如吕宗力主编的《中国历代官制大辞典》谓“宣帝神爵中，以郑吉并护鄯善以西南道、车师以西北道，称都护西域骑都尉”。（北京出版社1994年版，第344页）

⑤ 李大龙：《两汉时期的边政与边吏》，黑龙江教育出版社1995年版，第35页。

⑥ 《新疆简史》，第1册第37—38页。

⑦ 余太山：《两汉魏晋南北朝与西域关系研究》，中国社会科学出版社1995年版，第240页。

尉、谏大夫”这个组合中，骑都尉比二千石，谏大夫比八百石，都与二千石的都护不相称，所以《百官表》中的谏大夫应为“光禄大夫”之误。[①] 不过，甘延寿就曾被推荐担任“谏大夫、使西域都护、骑都尉”[②]，可见《百官表》未必有误，安先生所说不确。又段会宗在“竟宁(前33年)中，以杜陵令，五府举为西域都护、骑都尉、光禄大夫”[③]；复参前引，段会宗在安辑乌孙时，其官号为左曹中郎将、光禄大夫，同样都是文武两兼。总之帝国的西疆开拓者往往同时拥有两个头衔，一文一武，文职为谏大夫、光禄大夫之类，武职为骑都尉或中郎将等等。就“使者校尉”这个官名而言，谏大夫、光禄大夫就相当于“使者”，“校尉”则对应着骑都尉之类的军职。西域对帝国边防的重大意义不言而喻，而散官“大夫”曾以“使者”身份在此大显身手。那么，把大夫看成吃闲饭的，合适么？

综上所述，仅仅以“论议”概括诸大夫的职能，是远远不够的。或谓散官是“指有官名而无固定职事的官，与职事官相对”[④]，这“无固定职事”一语相当稳妥。因无日常业务，别人忙的时候散官可能闲在一边儿，甚至在那儿养病。但另一方面，“无固定职事”毕竟不等于没有职事，同样在哀帝之世，王嘉曾有如下奏疏：

---

① 安作璋：《两汉与西域关系史》，齐鲁书社1979年版，第43页。

② 《汉书》卷七〇《甘延寿传》。

③ 《汉书》卷七〇《段会宗传》。

④ 吕宗力主编：《中国历代官制大辞典》，北京出版社1994年版，第769页。

嘉上疏曰："……前苏令发，欲遣大夫使逐问状，时见大夫无可使者，召盩厔令尹逢，拜为谏大夫遣之。[今]诸大夫有材能者甚少，宜豫畜养可成就者，则士赴难不爱其死。临事仓卒乃求，非所以明朝廷也。"嘉因荐儒者公孙光、满昌及能吏萧咸、薛修等，皆故二千石有名称。天子纳而用之。(《汉书》卷八六《王嘉传》)

在苏令起义爆发后，朝廷立刻打算派大夫"使逐问状"，可一时找不到称职的人选，为此只好仓促任命了县令尹逢为谏大夫。朝廷派遣尹逢时定要先行"拜为谏大夫"，因为依据惯例，这些临时事变应由"大夫"代表朝廷出面处理。由于诸大夫构成了一个储才待用之所，所以除了"儒者"外也任以"能吏"。王嘉担心这个储才之所所储非才，便建议让那些能干大事、舍命不怕死的人充实其间。可见，汉代担任散官者，并不仅仅是"病人""因政治原因不愿仕宦的人"和"不宜做某些官员的人"三种人。

进而再来看如下事例：

晁错：太子家号曰"智囊"。数上书孝文时，言削诸侯事，及法令可更定者。书数十上，孝文不听，然奇其材，迁为中大夫。当是时，太子善错计策，袁盎诸大功臣多不好错。(《史记》卷一〇一《袁盎晁

错列传》)

石奋：其官至孝文时，积功劳至大中大夫。(《史记》卷一〇三《万石张叔列传》)

周仁：景帝为太子时，拜为舍人，积功稍迁，孝文帝时至太中大夫。(《史记》卷一〇三《万石张叔列传》)

赵禹：以刀笔吏积劳，稍迁为御史。上以为能，至太中大夫。与张汤论定诸律令，作见知，吏传得相监司。用法益刻，盖自此始。(《史记》卷一二二《酷吏列传》)

张汤：补御史，使案事。治陈皇后蛊狱，深竟党与。于是上以为能，稍迁至太中大夫。与赵禹共定诸律令，务在深文，拘守职之吏。(《史记》卷一二二《酷吏列传》)

朱买臣：为太中大夫，用事；而(张)汤乃为小吏，跪伏使买臣等前。(《史记》卷一二二《酷吏列传》)

赵始成：(李广利伐大宛)军正赵始成功最多，为光禄大夫。(《汉书》卷六一《张骞李广利传》)

在这里又能看到，积功有能者才能居大夫之位，大夫有“用事”参政之责。有时他们承担的还是很重要的政务，例如制定律令。认为大夫全都悠闲自在、无所事事，恐怕他们要委屈得鸣不平了。

不仅大夫，同属散官的郎官也经常如此：

> 司马相如：相如为郎数岁，……上闻之，乃遣相如责唐蒙，因谕告巴蜀民以非上意。(《史记》一一七《司马相如列传》)
>
> 司马迁：于是迁仕为郎中，奉使西征巴蜀以南，略邛、笮、昆明，还报命。(《汉书》卷六二《司马迁传》)
>
> 郑吉：数出西域，由是为郎。……至宣帝时，吉以侍郎田渠黎，积谷，因发诸国兵破车师，迁卫司马。(《汉书》卷七〇《郑吉传》)
>
> 刘向：向以故九卿召拜为中郎，使领护三辅都水。(《汉书》卷三六《楚元王传》)
>
> 乐奉：时乌孙公主遣女来至京师学鼓琴，汉遣侍郎乐奉送主女，过龟兹。(《汉书》卷九六下《西域传》)
>
> 殷广德：后汉使侍郎殷广德责乌孙，求车师王乌贵，将诣阙，赐第与其妻子居。(《汉书》卷六九下《西域传》)

可见郎官也不是整天干待着，他们不仅有“掌守门户，出充车骑”的日常职责，而且也经常被委以各种临时差使，与诸大夫相似。①

所以，汉唐散官是有重大区别的。岳珂辨析二者之异："还考汉制，光禄大夫、太中大夫、郎（议郎、中郎、侍郎、郎中），皆无员，多至数十人；特进、奉朝请亦皆无职守，优游禄秩。则官之有散，自汉已有之矣。然当时之仕于朝者，不任以事则置之散，正如今日宫观设官之比，未有以职为实，以散为号，如后世者也。"②特进、奉朝请在汉代只是名号。

---

① 这一制度至少延续到了魏晋时代。魏晋的郎官属于所谓"王官司徒吏"中的"王官"，经常承担临时差使，还要定期番上。参看拙作：《北魏北齐"职人"初探——附论魏晋的"王官司徒吏"》，《文史》第48辑，中华书局1999年版。长沙走马楼吴简两件嘉禾元年（232年）的文书提到了一位"右郎中何宗"，其"所督"有"武□司马"及"别部司马"，涉及了军粮督运事宜。王素先生认为，"显然，此处的'右郎中'，不可能是中央官"，"应为潘濬奋威将军府的官号"。见其《长沙走马楼三国孙吴简牍三文书新探》，《文物》1999年第9期。但这个推测根据不足。孙吴仍有三署郎官，参看田余庆：《暨艳案及相关问题——兼论孙吴政权的江东化》，《秦汉魏晋史探微》，中华书局1993年版，第280—283页。走马楼简的"右郎中"应即右中郎将署的郎中，不是军府之官。又《吴九真太守谷朗碑》："功成辞退，拜五官郎中。"见《八琼室金石补证》卷八，文物出版社1985年版，第42页。"五官郎中"即五官中郎将所辖之郎中。这也是孙吴的郎中照旧从属三署之证。三署郎出都承担临时事任，自汉已然。曹魏也有类似情况。曹植墓砖铭文："太和七年三月一日壬戌朔十五日丙午，兖州刺史侯黾遣士朱周等二百人作毕陈王陵，各赐休二百日。别驾（督）郎中王□（纳）主者，司徒从掾位张顺。"参看东阿文化馆：《山东东阿县鱼山曹植墓发现一铭文砖》，《文物》1979年第5期；卢善焕：《曹植墓砖铭释读浅议》，《文物》1996年第10期。这位"别督郎中王纳"，就是督责建陵的官员之一。由以上两例郎中任"督"的情况，说明孙吴、曹魏的郎官依然经常承担临时差使。附带说，高敏先生和陶新华同学都曾考察过魏晋士家的分休制度。分见高敏：《两晋时期兵户制考略》，《历史研究》1992年第6期；陶新华：《魏晋士家"休假"制度考论》，《中国史研究》1999年第2期。而曹植墓砖铭文中"士朱周等二百人"的"士"应是士家，他们的"作毕陈王陵，各赐休二百日"，也应是士家休假的一种形式，而且休假时间长达"二百日"之久。

② 岳珂：《愧郯录》卷七《散阶勋官寄禄功臣检校试衔》，商务印书馆《丛书集成初编》0842号。

《汉书·百官公卿表》谓侍中、给事中是加官。不过侍中秩比二千石，设有长官仆射及祭酒，除了加官外似乎也有专任者①；有人认为给事中也不完全是加官②。任给事中者有“平尚书奏事”之职事③，在东汉侍中也承担起了同样职责④。至于郎官，有宿卫之责，也承担各种临时差使。此外，好多“待诏”也有散官的意味⑤。汉代并无散官之专名。本书所谓“散官”其义有二：第一，它们没有固定职事；第二，它们依然是“官”，而不是“阶”。岳珂把汉代散官比之于宋代的宫观官之类，认为它们还不像唐宋那种“以职为实，以散为号”意义上的散官，这个意见入情入理。

总的说来，包括东汉在内，诸散官仍是“官”而不是“阶”。它们仍有众多职事，尽管是不固定的职事。当然汉代存在着散官“闲散化”的趋势，尤其是东汉以来，诸大夫以至郎官的闲散是很明显的，这已开启了魏晋以下散官不断委积、不断虚衔化的进程。《通典》卷三四《职官十六》谓：光禄等大夫“魏氏以来，无员，转优重，不复以为使命之官，其诸公告老，皆家拜此位；及在朝显职，复用加之。”说的就是这么个发展：

---

① 杨鸿年：《汉魏制度丛考》“侍中”条。

② 杨鸿年：《汉魏制度丛考》“给事中”条；秦欣：《西汉给事中非加官考》，《文史》第31辑，中华书局1989年版。

③ 《太平御览》卷二二一引《汉仪注》：“诸给事中日上朝谒，平尚书奏事。”

④ 《续汉书》卷二六《百官志三》注引《献帝起居注》：“帝初即位，初置侍中、给事黄门侍郎员各六人，出入禁中，近侍帷幄，省尚书事。”

⑤ 杨鸿年指出，汉代太史所属待诏为正官，普通待诏则是听候差使或听候分配之职。参看其《汉魏制度丛考》“待诏”条。

魏晋以来诸大夫转为优老之官和加官，不再是承担临时或不固定任务的“使命之官”了。但西汉情况还不完全如此。至少在秦与西汉之时，官僚机构还是相当精干，以“霸道”治天下的帝国统治者并不怎么情愿白白向人奉送名位，也不打算白白养活太多的闲人。

日人大庭修对汉制有一个很精彩的总结：“从整个制度来看，与后世相比，冗官不多，而且每个官吏都担负非常具体的任务。……冗官少恐怕是官僚制发展的表现，但也是官僚制尚处于初期阶段的表现。”[①]冗官不多，任务既确定又具体，这确实是秦汉官僚政治的突出特点。大庭修将之归结于“官僚制发展的表现”和“初期阶段的表现”两点，颇具启发意义。战国官僚制发展呈现了“尽其极致”的势头，正如法家对法制、效率之极意寻求所显示的那样。秦汉官僚队伍来自昔日“府史胥徒”“以吏治天下”的体制，使文法吏与士大夫的行政重要性整个反转过来，并直接体现在“分官设职”的简练、精干和尽量围绕行政职能而展开之上。

至于所谓“初期阶段的表现”，这除了体制的简单粗糙外，还应从较积极的方面加以理解：官僚组织在初创时总是较为精干而富有效能的；此后随时光推移，腐化、老化和贵族化因素便将逐渐滋生和积累，包括冗官冗吏的繁衍增殖等等。秦汉官吏的晋升和管理的简单性中无疑包含着草创的粗糙，

① 大庭修：《秦汉法制史研究》，中西书局 2017 年版，第 42 页。

但同时又是简练明快而富有效能的；唐宋时入流、进阶、磨勘、改官的复杂程序当然可以视为制度的发达进化，但其过分的繁文缛节、烦琐细密，也反映王朝已须为官僚自身的权益分配而穷思殚虑，这部分事务畸形膨胀开来，用于国计民生的精力便只好相对减弱了。唐代的散阶制度来自汉代散官，但二者又有了重大差异，其间异同，盖在于魏晋以来官僚特权的累积和贵族化程度的增大。这个事实，对于理解汉代禄秩的“职位分等”特性和唐代散阶的“品位分等”特性，是很有帮助的。

（原刊《燕京学报》新11期，北京大学出版社2001年）

爵级、禄秩、官品：
从爵本位到官本位

从先秦到秦汉的官员等级制，经历了从爵级为主体到禄秩为主体的结构性变迁。从公、卿、大夫、士到“若干石”的禄秩的变化，当然不仅仅是级差和级名的变迁而已。近年来我们已运用“品位—职位”概念工具，显示出它们各自包含着对“品位”和“职位”的不同安排，以及所涉及的官员阶层形态变迁，官员与君主的关系变迁，进而是国家体制和社会背景的变迁。具体说来，周代的等级制的基本结构，是“爵级—稍食”，爵级即公、卿、大夫、士，这是一种品位性的安排，用于贵族官员；“稍食”则是卑微的胥吏们的酬报和叙秩之法。这个结构适应了当时的贵族政治。秦汉禄秩则以“若干石”的俸禄额度为级差，与“稍食”有密切渊源关系，它是一种“职位分等”的安排，面向于“吏”，即当时称为“文法吏”的职业文官阶层。“文法吏”是新式官僚，禄秩的使用适应了专制官僚政治的兴起和居于主导的政治现实。

认识总是在不断深化的。由于一些新发现和新思考，我们的“爵—秩”的叙述模式，又可以进行新的调整、补充和推进了。近年出版的张家山汉简中，包含着一种《二年律令·秩律》。对《秩律》的解读提供了前所未知的历史细节，从而更精细地展示禄秩序列不断伸展、扩张，并取代爵级而居于主导的进程。也就是说，叙述战国秦汉官阶变迁的“爵—秩”模式，由此而大为充实了。

一、宦皇帝者、比秩和禄秩的横向扩张

张家山汉简《二年律令·秩律》，提供了到高后二年(前186)为止的汉初禄秩原貌。《秩律》虽然只是官名和秩级的罗列，若是善加利用的话，还是能从中发掘出一些重要线索的。我对《秩律》已有数篇考证文章，因大量篇幅用于澄清细节，难免冗碎难读。而现在就可以抽身细节，来讨论这些它们所蕴含的意义了。概括说来，由《秩律》带来的有关汉代禄秩的新鲜认识，展示了禄秩萌生后的伸展和扩张进程，从而再度印证了我们先前的如下论断：禄秩的性质可以认定为“吏禄”，禄秩是应用于“吏”的；禄秩的伸展与扩张，其背后就是“吏”这个新式官僚群体的伸展与扩张。

在《二年律令》中有不少“宦皇帝者”字样。起初我们不过是想弄清他们的身份而已。结合裘锡圭先生的既有论述和一些零散材料，“宦皇帝者”应是由大夫、郎官、舍人等官构成

的一个侍臣或内官系统。《二年律令》又显示，“宦皇帝者”与“吏”是并列的对称，这又反映了侍臣系统与承担行政职能的“吏”，二者间有一条分明的界限。这就很有意思了。我们论定“禄秩”是“吏”的身份标志，在某个特定时期，谁用禄秩做官阶，谁就是“吏”——帝国官僚行政的直接承担者。一个问题由之而来：“宦皇帝者”既然与“吏”两分并立，那么它们是以禄秩为官阶，还是不以禄秩为官阶呢？我们先前对禄秩意义的上述判断，这会儿就得面临检验了。

循此思路着手搜检便随即看到，属于“宦皇帝者”的那类官员，在后来大多列在“比秩”，就是说它们的秩级都是“比若干石”；同时在《二年律令·秩律》中，不但看不到那些“宦皇帝者”的官名，甚至还根本没有比秩的踪影。这不会是偶然的巧合吧？一个让人兴奋的猜想，一瞬间就浮现出来了：“宦皇帝者”与“比秩”的起源相关。对秦汉禄秩一个突出的结构特点——“比秩”——的考察，由此就可以提到桌面上来了。下面就加以阐述。

众所周知，汉代禄秩中的“比秩”与“正秩”，是交错排列的。比方说吧：有正秩二千石一级，同时就有“比二千石”一级；有正秩千石一级，同时就有“比千石”一级；有正秩六百石一级，同时就有“比六百石”一级；以此类推。汉代禄秩中，几乎所有正秩都有对应的比秩，有近半数秩级是由比秩构成的。然而这是为什么呢？这些比秩是打哪儿来的呢？如此显著的结构特征，两千年来居然没人想过该打个问号。《秩律》

中有十一个秩级，可其中却没有一个是比秩，这就提示我们，比秩是较晚时候才产生的，至少在《秩律》的时代，也就是高后二年前后，比秩还没有问世人间呢。

由“宦皇帝者”最初不在《秩律》、后来都在比秩等事实，我随即做出一个大胆推断：在《秩律》时代，这些官职还没有禄秩；或者说得更准确一点儿，“宦皇帝者”虽然也有某种禄养，但却不以“若干石”的禄秩做官阶。后来通过“比吏食俸”等方式，这些官职的待遇逐渐与秩级挂钩了，这种“比”“视”的办法逐渐固定化，就形成了“比秩”这种秩级。也就是说，“宦皇帝者”是形成“比秩”的主要温床。那么，关注就从“宦皇帝者”而推进到“比秩”上来了。汉初的《二年律令》明确显示“宦皇帝者”与“非吏”相近，是一个与“吏”有别的官员群体；而对“比秩”的考察恰好显示“宦皇帝者”最初无秩。那么“非吏”之类的官员无秩，而“吏”有秩，这个事实对“禄秩是‘吏’的身份标志”的论断，就是一个绝佳的证明。

下面的工作，就是把视野拓宽到“宦皇帝者”之外，对汉代其他各种比秩官职，加以分类梳理。这时我们看到，除了前述“宦皇帝者”之外，还有博士、掌故、文学等儒学职类，以及掾属、军职的职类，其中存在着大量的“比秩”的官位。国官中也有较多的比秩，还有内官妃嫔们也采用“比秩”办法确定等级。以上那些列在比秩的职类，或多或少都显示了某种“非吏”的性质，或说从某个特定角度看，它们与承担行政职事的“吏”有所区别。

这就意味着战国秦汉的禄秩进化历程中，可能包含着如下一个发展线索：“非吏”类型的官员，最初很多是无秩的，或者说不以“若干石”的禄秩为官阶。他们是在比“吏”晚得多的时候，通过比吏食俸、比吏赏赐、比吏传食、以爵比秩等途径，逐渐与禄秩的各个秩级建立了“比”的关系的；这些“比”的做法逐渐正式化，就逐渐形成了“比秩”，从而成为禄秩序列中的正式秩级。例如，某官早先属于“非吏”的职类，没有禄秩，后来在确认其位遇时，王朝使之比于千石之“吏”，由此形成了“比千石”；使某官位遇比于六百石之“吏”，则形成“比六百石”的秩级；以此类推。由此，禄秩的运用范围就一步步地扩大了。

由此我决意提出如下论题：“战国秦汉间禄秩序列的横向扩张”，即禄秩的应用范围向非吏职类的扩张。作为官阶的禄秩，最初主要用于“吏”，即行政官吏；但后来逐渐通过“比秩”的方式向“非吏”职类扩张，用于“宦皇帝者”，用于文学之官，用于掾属，用于军职，甚至内官妃嫔。这就是禄秩应用范围的“横向扩张”。它意味着更多的官员被帝国统治者以“吏”的身份来定性定位了。

二、比秩与正秩的交错配合

在前面所说的“横向扩张”这个大趋势中，实际还有更多的复杂曲折。也会有一些官职最初为正秩，在后来成了比秩；

或“吏”一类的官职，后来也被安排在比秩之上的情况。这是因为，比秩一旦形成，就可以用它来更精细地安排官职高下了，包括用于曾经是正秩的官职，甚至用于“吏”职。不过毕竟，直接承担行政事务的“吏”是最早采用禄秩来标志等级，其他的职类则往往是通过“比”而被纳入禄秩序列的，所以在相当一段时间中，“比秩”依然保留了一定程度区别职类的功能。在这个意义上，比秩有如一个胎记，暗示着一些职类最初的“非吏”性质。就此而言，汉代的比秩与后代官品中“从品”，即从一品、从二品之类，是不大相同的：比秩由于其特定来源，而具有区别职类的功能，“从品”就不是这样的了，“从品”没有区分职类的功能。

我们知道，郎中、大夫等散官，在汉代是职事官的后备军，它们与“吏”互为迁转。布衣士人和低级吏员经察举而为郎官，然后再出为令长丞尉，或担任中央各官署的相应吏职，是汉代士人的通常仕途。“大夫”之官，也被视为一个储才之所，与行政官职互为迁转。此外，征辟而来的三公(以及大将军和诸卿)的掾属，对官员来说也具有“仕途中转站”的意义。而郎官、大夫、掾属，都是比秩之官。

那么，就以郎官为例，来说明正秩和比秩是如何交错配合的：比三百石的郎中，若外补三百石县长，则恰升一阶；比四百石的侍郎，若外补比四百石县长，则恰升一阶；比六百石的中郎，若外补六百石县令，则恰升一阶。列在比秩的诸大夫、掾属在迁任行政官吏的时候，其官阶变化亦是如此。

汉代选官的一个微妙安排，即正秩和比秩二者链接与耦合的方式，由此就被揭露出来了：比秩保证了散官、掾属在迁补职事官吏时，至少得以迁升一阶，从而构成官员升迁的连贯仕途。此外还有军吏，军吏和文吏也存在着职类迁转关系，其时也适合这一规律。

从宏观上说，各类职类之中，正秩的“吏”是帝国官僚架构的支柱或主轴；其他职类通过比秩而被纳入禄秩序列，也就等于被王朝以“吏”的方式加以管理了。大量吏职作为行政官员而处于正秩，多数“非吏”类型的官员处于比秩，二者的这种交错配合，还为“吏”与“非吏”间的互相迁转，提供了更精巧的管理手段。

三、禄秩序列的纵向伸展

在叙述了战国秦汉禄秩序列“横向扩张”之后，就可以提出“纵向伸展”问题了。现在把视线转回《二年律令·秩律》上来，那么在其中能看到十一个秩级，这就为考察战国秦汉禄秩序列的发展，提供了一个新的坐标点。先往后看：在汉成帝阳朔二年(前23年)左右，在百石以上约有二十一个秩级；再朝前看：先秦史料中所能考知的秩级，约有九个。那么这个由九级而十一级，由十一级而二十一级的序列伸展过程中，发生了什么，又意味着什么呢？

《秩律》所见十一级的最高一秩只是二千石，想来这也是秦朝的情况；同时《秩律》中还看得到一百二十石、一百六十石、二百五十石等带零头的细小秩级，这是后来所不见的。可见在《秩律》时代，禄秩序列的低端比后来细密得多。再往前看，在商鞅变法后不久所见九级禄秩，最高一级只是千石，其低端还存在着“五十石”，这样秩级就更细碎了。看来先秦的禄秩序列重心，比《秩律》还更偏向下端一些。对此我们有一个基本看法：在禄秩的萌生期，其序列的哪一段相对细密，这禄秩就是面向哪个官员层次的。较细密的等级耗费更多的行政资源；而统治者宁愿这么做，是因为在其心目中，“若干石”这种官阶就是用于中低级吏员的。这再度印证了我们的论断：禄秩的性质是“吏禄”。

最初其重心偏重于低端的禄秩序列，在秦汉间经历了一个逐渐向上伸展的历程。禄秩的最高秩由早期的“千石”，到秦统一前后上升到“二千石”。汉初《秩律》的最高秩仍是二千石——“汉承秦制”。在景、武到元、成这一个多世纪中，伴随着帝国体制的发展完善，禄秩序列的高端和低端都发生着变化。从其高端看：中央诸卿超越二千石而上升为中二千石；二千石分化为中二千石、真二千石、二千石、比二千石，一秩变成了四级；御史大夫超越列卿自成一秩，丞相事实上也变成了一个秩级——这是两个不以“若干石”为秩名的秩级。由此，禄秩的高端变得更高、更细密了。而禄秩的低端呢？这里的变化看上去与高端相反，一百二十石、一百六十石、二百五十石之类细小秩级，逐渐销声匿迹了。在禄秩高端不断繁衍的同一时候，其低端却有化简之势。这样，禄秩序列就由重心偏下，变得上下匀称了。再加上前面所讨论的“比秩”正式形成、被纳入了禄秩序列，在汉成帝阳朔二年之前，在百石以上约有二十一个秩级。

事物的细小变异也有其意义，若干秩级升降增减看上去不怎么起眼，但它们不会是偶然的。从先秦九级到《秩律》十一级，居首的二千石一秩，后来衍生出比二千石、二千石、真二千石、中二千石，及御史大夫以至丞相的秩级，从而形成了二十一级，高级官僚的地位安排，就是这个演进的最大推动力。从上面的叙述也能看出来，汉代以来最剧烈的变化发生在禄秩的高端。禄秩日益成为高级官僚最基本的地位尺度，说明高级的官僚层次，也被帝国朝廷以“吏”的形象定性定位了。

从《汉书·百官公卿表》看来，西汉末到东汉初禄秩又变成了十六级。比汉成帝阳朔二年之前的二十一级又有减少。所减少的是五百石、比八百石、八百石、真二千石和御史大夫五秩。御史大夫的消失，是由于丞相制向三公制演变，御史大夫改为大司空，三公平起平坐了，所以这个秩级也不存在了。至于其余四秩为什么被删减，我们的分析如下：官僚制发展可能会推动秩级的增加，以更细致地区分官僚层次。然而制度发展往往也会“矫枉过正”，由汉初《秩律》十一级繁衍为二十一级后，朝廷大约又嫌其叠床架屋、过于繁密了，所以又着手裁并。

进而把"比秩"问题也考虑在内，那么两汉之交形成的十六级中，除了三公一级，有八个正秩、七个比秩。我们已经推定，正秩和比秩在汉代具有区别职类的意义，那么八个正秩再加三公一秩，主要是用作行政官吏的秩级的(由此可以看到，汉代行政官员的秩级其实相当简洁，这与汉代行政层次的简洁，无疑是相辅相成的)。这八个正秩，比《秩律》十一级少了三个，其原因是低端减少了一百二十石、一百六十石、二百五十石三秩；此外增加了百石和中二千石二秩，取消了五百石和八百石二秩，增二减二彼此抵消。从实际俸禄数量看，这八秩从百石到中二千石分别为十六斛、三十斛、四十斛、五十斛、七十斛、九十斛、一百二十斛、一百八十斛，级差匀称有致。那么再来看七个比秩。八个正秩中若除去了中二千石，其余七秩，恰好都有"比秩"与之一一对应。较之正秩，七个比秩还发挥着如下功能：调节官僚们在"吏"与"非吏"不同职类间的迁转调动。这样一种安排，一直沿用了两个世纪之久，直到东汉末年。

四、郡国官秩级的相对下降

前述秩级的"纵向伸展"，主要发生于中央朝官；与中央朝官秩级上升比照观察，郡国官的秩级却相形下降了。就是说，汉代中央官和郡国官的秩级，相对而言呈反向变化。由此我们可发掘出一条对比的线索，从而深化对汉代中央集权制和官僚等级制的认识。

在《二年律令·秩律》中郡守、郡尉都是二千石，本来跟御史大夫和诸卿平起平坐。那么在禄秩序列的上端不断繁衍伸展中，郡守、郡尉依然是二千石，便相形失色了。且如学者所论，西汉郡守虽号二千石，实际有中二千石、真二千石、二千石、千石、八百石等区别。郡守秩位出现高下之别，至少出自两个原因：增秩贬秩和郡有级差。增秩和贬秩是官员个人的奖惩办法。郡有级差，则是针对职位的等级规定。当然京兆尹、左冯翊、右扶风的长官，秩中二千石。然而这三郡位于京畿，号称三辅，比于列卿。京畿地区的特殊地位，反而显示了中央官拥有较高秩级的政治现实。

进而县级长官秩级，在西汉也呈下降之势。《秩律》里面县级长官分千石、八百石、六百石、五百石和三百石，共五等；二百五六十个县级长吏中，六百石以上者有二百四十多个，可见这时县官等级偏高。这以后五百石以下县长在史籍频繁出现，很多县级长官被安排在较低秩级上了。汉成帝把八百石、比八百石、五百石合六百石、四百石，那么八百石县令、五百石县长其秩又降。东汉的县级长官大多是六百石令、四百石及三百石长。

郡县长官秩级下降，被认为是人口增多、郡县普设、同级行政单位大大增加所致。这当然是重要原因之一了，不过王朝原本也有另一选择：增设郡县单位，但不降其长官之秩。可王朝没那么做，非压低他们的秩级不可，这就不是没有意义的了。而且考察还可显示，这个过程中，郡县各类属官与中央同类官职(例如丞、掾属)的差距，也在逐渐拉大。

再看王国官。汉初的王国“宫室百官同制京师”“群卿大夫都官如汉朝”，这也包括在禄秩等级上王国同于汉朝。但汉景帝着手削夺王国选官权，并大幅度裁撤王国官额，汉武帝又进而压低王国官秩级。此后几代皇帝，仍有压抑王国官秩级之举。

汉景帝时，王国丞相变成了中二千石，改名曰“相”，银印。汉武帝、汉宣帝时的史料显示，诸侯王丞相秩真二千石；汉元帝时王国相又降为二千石，而且“诸侯相位在郡守下”。王国郎中令和仆的秩级降至千石，而且郎中令还一度降至六百石。王国中尉一人，比二千石，内史可能也曾被降至比二千石。中央的尚书六百石，而王国的同类官职“治书”，改为比秩，即比六百石，低下一等。中大夫大约是比八百石，而王国中大夫比六百石；谒者比六百石，而王国谒者比四百石；太乐令、祠祀令、太医令、卫士令、永巷令皆六百石令，而王国的礼乐长、祠祀长、医工长、卫士长、永巷长比四百石；郎中比三百石，而王国郎二百石。

由此，西汉中央集权的强化，在中央官与王国官秩级的相对变化中，鲜明地反映出来了。中央朝廷对郡国的强势政治地位，进一步得到了巩固。

五、略论“爵—秩体制”

秩级细节的考辨虽然琐细乏味，但其所提供的素材，却能给既往的叙述增添新的图景。战国秦汉间禄秩序列的“横向扩张”和“纵向伸展”，由此更清晰地呈现在人们面前了。这种纵横交织，就构成了战国秦汉间官阶发展的中心内容。以前我们对这个过程不甚了了，现在由于《二年律令·秩律》面世，就可以把它较为清晰地勾画出来了。这种伸展和扩张给人一种观感：制度的萌生、发展和变迁，其实是很美妙的，就像一棵植物由萌芽、生长而枝叶扶疏一样。我们也很清楚，官阶是一种“正式制度”，它不尽同于那种由积习而来的习惯性做法，而是由政治权威制定和颁行的；支配创制和变革的是效率和利益，在效率和利益的背后则是组织和人；对不同形态的政治组织和官员群体，会有不同样式的等级制度与之适应。禄秩的伸展与扩张，对应着新式政治体制——官僚组织，和新式官僚——文法吏群体的发展过程。

禄秩的伸展和扩张，总是比较而言的。有个东西在伸展、扩张，那么必定就有什么东西在退让、萎缩。战国秦汉间禄秩这种官阶形式的伸展、扩张，伴随着周代爵级的退让、萎缩。周代由公、卿、大夫、士所构成的爵级，是与周代贵族政治相适应的。爵级是一种“品位分等”的制度，而禄秩却具有大不相同的性格，我们已证明它具有浓厚的“职位分等”的性质。职位分等是以“事”为中心的。很巧，“事”跟“吏”在古文字中恰好是同一个字。“吏”就是任事者，或说行政事务承担者。周代的胥吏以“稍食”为生，而且以“稍食”来“均叙”“均秩”，这是一种重事不重人的管理办法。战国秦汉间，这种分等管理方式发展为“若干石”的禄秩，日益伸展到高级官僚、扩张到各个职类。先秦用爵、秦汉用秩、魏晋以下用品。相比之下，秦汉以“若干石”为官阶，其实是一个非常特别的事情。可是两千年来，却没有什么人对“若干石”的特别意义画个问号。而我们把“若干石”追溯到周代稍食，情况就不相同了。若说先秦的胥吏稍食只是涓涓细流，则汉代禄秩已是江河大海：专制帝王以“吏”的方式，来管理千官百僚。

品位分等是以“人”为中心的。周代爵号公、卿、大夫、士，以及伯、子、男等，恰好都是人称，而且是人之尊称。以人之尊称为等级之名，这跟以“若干石”的俸禄额度为等级之名，意义大不相同。官阶制与社会等级是否具有一致性、对应性，是我们的一个重要观察视角。在二者存在一致性的情况中，也有两种可能：社会等级主导官阶等级，或官阶等级主导社会等级。周代贵族的地位高下和身份尊卑，逐渐“制为列等”，凝固于公、卿、大夫、士所构成的爵列之中。也就是说，社会等级主导了官员等级。由此就能理解，品位性的官阶安排，为什么可能与政治结构中的贵族性因素相关。尽管有人对此表示了很大怀疑，可我们这个论断是经过深思熟虑的，并首先就在周秦汉的官阶进化史中得到了验证，或者说是从中提炼出来的。两相对照，秦汉文法吏并未显示与哪个社会阶层存在着特别的关系，这时候他们的官阶制体现为职位分等的“若干石”禄秩。

禄秩并不是秦汉唯一的政治等级，在禄秩之外还有二十等爵。在叙述中国古代官阶制演变阶段之时，我们把秦汉确定为一个“职位分等占主导”的时代，但这仅是就官阶制而言的。二十等爵不是官阶制，可它作为一种政治等级，在秦汉帝国同样发挥着重要作用。本来，职位分等是一种很有“近代性”的文官等级制，可它居然出现在帝国早期；一般说来，早期的官僚帝国较为简单粗糙，并保存着更多传统性、身份性和贵族性的东西，而这些与职位分等的安排是矛盾的。这该如何理解呢？这时候就得把二十等爵纳入视野了。若是超越官阶制，全面考虑当时政治等级的整体结构，那么这个帝国的等级结构，就可以概括为“爵—秩体制”。

二十等爵具有多重意义。一方面它使平民得以通过军功获得爵禄，这是一个革命性变革。二十等爵的爵称很多来自军职之名，这跟周爵以人称为爵名、跟禄秩以“若干石”为爵名，都不相同。若暂不考虑卖爵等问题，那么二十等爵的获得，对将士来说以军功，对官员来说以事功，就构成了一种褒奖和激励的重要手段。就这个层面说，二十等爵在技术上是官僚制度的一个补充。

但是问题不止此技术层面。在另一方面，二十等爵又是一种身份性、品位性的制度。“爵”的形式，依然体现了早期社会、贵族政治的深厚影响。刘邦下令保障拥有军爵者的政治社会特权，这时他还有“爵在人君”的说法，就充分显示了“爵”浓厚的传统意味。对汉初的军功阶层，军爵是他们身份和地位的基本尺度。换言之，我们看到“爵”的背后是一个阶层。而且同时在王子侯和外戚恩泽侯的制度下，皇族和外戚都以“爵”来确定身份，在汉帝国中这些人具有无可置疑的贵族身份。就是向编户赐爵的做法，也具有安排和确认社会身份的意义，这一点西岛定生已有很好的考察。进而对于官僚来说，获得了爵级，就等于拿到了贵族俱乐部的会员卡。秦汉时代依附于“爵”的众多权益，远远大于后世，这一点已为许多学者所指出；近年《二年律令》中新的发现，例如依爵级而占有田宅的规定，以及其他特权，进一步证明了这一点。《二年律令》中所反映的爵、秩关系，显示这时候相对于“秩”，“爵”的权益已经少于秦朝，但依然大于汉武帝以后。

但问题不仅仅在于“爵”体现了更多传统的东西，还在于“爵”与“秩”是以特殊方式结合在一起的。附缀于爵级的政治社会权益和“爵”的身份性，是大于后世的；附缀于禄秩的政治社会权益和官阶的身份性，是少于后世的。尤其是“爵”与“官”的分离这一点，在汉代更为突出，具有特殊意义。在后世，例如魏晋南北朝的时候，有依爵起家的制度，那么有爵位则有官品，也就有了官僚身份。在汉代却不是这样。除了列侯一度拥有的议政和察举资格，多少可以算是政治权利外，爵级的拥有者，不能通过“爵”而获得官员资格、行政等级，进而是行政权责。这样一来，“爵”和“秩”就成了彼此疏离的两大系统。“爵”维系着统治集团的身份性和社会成员的身份性，“秩”则保障着帝国行政的科层秩序和人力资源调配的合理性。二者的疏离，使得帝国的行政秩序较为“纯粹”，得以用“吏”的方式，例如依能选任、依功升迁，和采用职位分等的“若干石”来安排等级。对“吏”的使用和管理上的这种特殊安排，依然可从禄秩与稍食的关系、进而是秦汉文法吏与周代胥吏的关系中，得到理解。（顺便说，在另一些古代官僚帝国，也能看到由地位卑微者在担任行政官吏，并沿行政等级逐渐向上扩张的类似情况，例如在古埃及，在赫梯王国，在古罗马帝国，在奥斯曼土耳其。）

叙述至此，我们以往所使用的“爵—秩”叙述模式，就已包含了两重意义：从历时的角度说，“由爵而秩”可以视作战国秦汉等级制变迁的一条主线；进而从共时的角度说，“爵秩并立”可以视作汉代政治等级制的两根主干。“爵秩并立”的二元性，也就是爵级与禄秩的疏离，显示汉帝国的身份制因素和官僚制因素，是以一种特殊的样式两存并立的。二十等爵被西岛定生视为以皇帝为中心的一元化政治秩序的支柱的原因，确实是一份很精彩的研究。不过现在我们已能提出一个与之相当不同的看法了，也就是“爵—秩体制”。它是汉帝国政治等级的最基本结构，很可能也是秦汉帝国蓬勃政治活力的重要来源之一。

由此继续推论，魏晋之时出现的九品官品，把爵级、禄秩等等要素纳入同一序列，则意味着早期帝国政治中的上述“二元性”业已大为淡化；附缀于“爵”的东西和附缀于“秩”的东西，开始由“官品”而融汇起来，或说开始一体化了。比如，秦汉以“爵”授田，而晋代以官品占田；秦汉“爵”可以抵罪、禄秩却不能抵罪，魏晋南北朝的“官当”制度则以官品当刑。还有上面提到的“依爵起家”制度也出现了，从而把昔日爵的因素和秩的因素结合起来了。进而再着眼于这时候九品中正制、散官和军阶的发达，就能看到君权与官僚的结合方式，在魏晋以降业已发生了新的变化——这个时候皇权有所低落，士族门阀占据要津，官阶制度随之再度“品位化”了。

在“品位—职位”视角中，中国古代官员等级制呈现为五大阶段。其间品位分等和职位分等的偏重变迁，都密切联系着官员阶层的性格变迁、官员与君主关系的变迁。以往对“专制”的理解，是专制君主通过他们的大臣或部长们实施统治，这些人实际上对人民拥有全部权力。而眼下我们则要强调，“专制”有两重含义：对官员的控制和对编户的控制。当官员相当地“贵族化”的时候，皇权就要削弱；反之官员较低的“贵族化”程度，则对应着一个更专制的君权。君权与官僚的相互关系变化，进而就会影响到官阶制的形态和样式，涉及了品位与职位的不同安排。对品位性的官阶安排，我们可以分两个层面：首先它是一种人力资源管理的手段，进而它可以超过这一限度，而意味着官僚的特权增大，身份性增大，自主性增大，以致贵族化。换言之，我们使用的“贵族化”一词，指的不是一个“点”，而是一个延伸着的“线”，一个“化”的过程。当官员的特权、身份性和自主性大到一定程度，就出现了“贵族化”现象。君权强度与官僚“贵族化”二者的此消彼长关系，及其对“品位—职位”安排的直接影响，在魏晋南北朝的“门阀政治”中表现出来了；南北朝、唐、宋到明、清，官阶制发展的大趋势，是品位性安排的逐渐淡化，与之相应的是专制皇权的不断强化；而在眼下我们也看到，在周秦汉的政治变迁和官阶变迁中，这同样鲜明地表现出来了。

（田余庆先生八十华诞祝寿论文，2004 年 2 月提交）

中国古代官阶研究的若干设想

传统中国的官阶制度，或说政治行政等级管理制度，至少经历了三千年的漫长演化，结构复杂、头绪繁多。在考察它们的各个细节之时，应有一个整体性观照。比如所研究的对象是什么，将从哪些角度切入问题，其阐释是在什么样的背景下展开的，等等。打算从要素、结构和功能角度描述各时代官阶及变迁，则系统化的概念框架必不可少；至少面对一些规律性现象，应有适当的术语去指称它们。《孟子·告子上》有言："先立乎其大者，则其小者不能夺也。"进入一个论域之后，总要"先立乎其大者"。后文所将探讨的，就是那些前提性的概念和框架，由此可以显示具体研究在其中的位置，并为该做什么、能做什么提供参照。当然以一人之力、数年之功，就为传统官阶建立起一个分析框架，是不大可能的，那需要众多学者的长期共同努力。本文算是相关的尝试之一。

一、从人员结构与职位结构之不对称谈“品位结构”

传统官阶研究或传统官僚等级管理研究的对象是什么呢？我们认为可以概括如下：官职的分等和分类，官员的分等和分类。官僚制度的基本结构特征，就是分科分层；而官员与官职的分等分类，正是与此相对应的。曾有人认为，中国传统官阶重在“分等”但不管分类。其实不是那样的。审视史实就能看到，中国王朝使用的很多位阶序列，是与“分类”相关的。例如，阶官就有文、武之分，一些技术官有专用位阶；此外还有一些特有的职类，概念是现代文官体制所没有的。而且在中国古代，职类划分经常具有身份区分的意义。在任务被确定为两个分等和分类之后，该把什么事项纳入官阶研究视野和论域，就明确多了，从而减少了观察和叙述的散漫或片段。

等级管理所面临的最基本问题，就是有一大堆职位，还有一大群人员，如何把它们分别安排到“等”和“类”所指示的特定位置上去。政府组织首先是一个职位的架构。现代文官制理论的最基本假定之一，就是根据职位结构考虑人员结构。即，首先根据行政功能，把官职划分为不同等级和类型，再把人员填充进去，亦即“为官择人”（严格说是“为职择人”）。这时的人员结构与职位结构，在相当程度上是同构的。尤其是实行“职位分类”的政府组织，可以本着职位的等级和类别来实施人员的管理，包括等级管理。

倘若中国古代政府组织也像现代那样，传统官阶研究就简单多了，因为“人”的等级和类别略同于“职”的等级和类别，弄清某“官”属某职类某品某阶就成了。但实际不是那样的，中国王朝所面临的重大问题，就是“官”的数量，远远多于“职”即职位的数量，而这些人都在王朝人事管理的范围之内，并要用不同安排来区分其等级与类别。简言之，传统官阶制的重大特点，就是职位结构和人员结构在相当程度上不同构，人员结构远远大于职位结构。

随便举几个例子。秦汉官制虽很简练但仍有散官存在，郎官、大夫等多时可达数千人，这些人不被视为行政吏员。若说到二十等爵，那么社会上的男子几乎大部分都拥有爵位，其数量极其庞大，恐怕在千万以上，其爵级的授予及晋升，都需王朝施加管理。魏晋南北朝时，没有多少甚至根本没有行政事务的府官、属吏、国官、东宫和东西省散官、卫官大量存在。魏晋还有一种所谓“王官司徒吏”，是官僚候选人队伍，我推测其等级资格主要是中正品。他们的数量估计在两万以上，东晋初一度曾达二十余万。[①] 北魏道武帝时，仅一次向“诸部子孙失业”者赐爵就达两千余人。史称孝文帝时“魏自公侯以下，迄于选臣，动有万数，冗散无事”。北魏曾向民间的老者颁授军号和郡县长官衔，那么只要够年龄就能成为“官

---

① 参看拙作：《北魏北齐“职人”初探——附论魏晋的“王官司徒吏”》，《文史》第48辑，中华书局1999年版，第19页以下。

人”。北齐、隋和唐初有一种“视品官”，据李锦绣先生研究，其数量在万人以上，而唐初职事官数不过两千多员。[①] 唐宋朝廷想方设法解决官人的“就业”问题，例如设置员外官、添差官等。宋明清时排队候选者是一支浩浩荡荡的队伍，很多人十数年轮不到官做。

类似的事例非常之多，以上不过略举数例而已。这些事例全都凸现了这样一点：传统王朝的人员结构远大于职位结构。这是其区别于现代文官体制的最大特点之一，从而也是传统官阶制领域最引人入胜的课题之一。现代文官等级理论的基本前提，借用中国的古语说就是“为官择人”，即向职位填充人员；而传统中国王朝却经常是“因人设官”的，即，先拥有一支“官人”的队伍，再考虑如何安排他们，让他们各得其所。因而绝大多数时候，人员结构与职位结构是不对称的，“官”不等于“职”，“官”多于“职”。进而，就是官僚等级管理的范围，或说王朝品级位阶所覆盖的范围，远远大于职位结构。

而这就将影响到品位和等级的结构。第一，拥有“官”之身份者多数情况下远远多于行政职位(通称“职事官”)，其身份和类别都需要某种品位来确认。而且选人资格的“等”与“类”，并不仅仅取决于职类与职位所需专业资格与专业能力，所以“选人”的分等分类与职位的分等分类也不对称。第二，

---

① 李锦绣：《唐代视品官制：以嗣王以下的府佐国官为中心》，收入《唐代制度史略论稿》，中国政法大学出版社 1998 年版，第 114 页以下。

朝廷大量颁授衔号名位，造成了大量一人数衔的情况，这个现象在魏晋以下开始凸现了，甚至有一人衔号达数百字的①，这就大大增加了品位结构的复杂性，而王朝所颁衔号数量与职位数量也不对称，衔号数量大大超过职位数量。第三，特定的人员结构往往会导致特别的职类概念。例如汉代曾用“正秩”标识行政官职，用“比秩”标识非行政官职，后者包括所谓的“宦皇帝者”②，那是帝国前期“散官”制度的一部分。散官制度的特殊性，在于它并不是完全没有职事，但本身有很强的品位意义。文职散官往往是临时或随机事务的承担者，武职散官有宿卫之责。继续推演还有第四，衔号名位的拥有者往往不限于正式在任官员，朝廷品位的涵盖范围经常超越行政边界，而向民间和社会延伸和渗透。这包括两种情况：一是一般性的褒奖礼遇，它构成了王朝调节整合社会的重要手段；二是给特殊群体提供入仕机会，如士人、学子或官僚子弟。后一项即“入仕预备队”的存在，进一步扩大了人员结构的外缘。这“官僚预备役”，经常促成了正式的品位安排。例如魏晋南北朝时，只拥有中正品自然还不等于入仕，但只要

---

① 例如，元代中书右丞相伯颜所署官衔，计 246 字，参看陶宗仪：《南村辍耕录》卷二《权臣擅政》，中华书局 1959 年版，第 29 页；明代大宦官魏忠贤编《内宦便览》，“首列己衔，亦至二百许字”，参看王士祯：《池北偶谈》卷三《结衔》，中华书局 1982 年版，第 56 页。

② 参看拙作：《由“比秩”论战国秦汉间禄秩序列的横向扩张》，北京大学传统文化研究中心编《国学研究》第 12 卷，2003 年 12 月；《论张家山汉简〈二年律令〉中的“宦皇帝”》，《中国史研究》2003 年第 3 期。

拥有中正品就在朝廷人事管理范围之列。第五，人员结构还可能反作用于职位结构。有时安排人员和优待官员的压力是如此之大，反过来又招致了“职事官的品位化”，即把职位用如品位，反过来令职位结构发生膨胀、扭曲和畸变。“职事官的品位化”的巨大冲击，在唐宋间甚至令昔日的省部寺监之官大批量地转成“寄禄官”，以用作官僚资位尺度，另用“使职”“差遣”寄托权责。这样就使官品效力大为下降，甚至近乎失效了，省部寺监的职位体制也为之坍塌。那是中国官阶史的一大变故，不妨说是很“骇人听闻”的。

为认识上述现象，首先就该明确两个概念：“运作考虑”和“身份考虑”。在统治者规划等级品位时，至少将表现出这两种考虑。以色列学者艾森斯塔得曾论述道：“罗马、拜占庭和中国，各自都有双重的衔号制度。一种衔号确认其拥有者具有从属于某一特定阶级的一般标志，……另一类衔号则确认其拥有者的职能和官位”，统治者为个人权力将力图“创置新的衔号与官位，对世袭性称号和职能性官位加以区分”。[①] 这一论述，也是有见于身份考虑和运作考虑，可能导致不同的衔号序列。运作考虑着眼于行政运作和政治运作，可以说是以“事”为本的，即按政务需要来安排行政层级、官署等级和职位的级别，以确认其间的指挥、统属与协作关系。身份考虑则以“人”为本，其目的和意义可以归纳为三：第一，安

① 艾森斯塔得：《帝国的政治体系》，贵州人民出版社 1992 年版，第 136—137 页。

排地位与社会身份，令官爵高下去适应或用官爵去调整政治社会等级秩序；第二，维持政治效忠，通过特定衔号和等级安排来标识“拥戴集团”，由此构建“效忠机制”；第三，分配利益，这时候官爵是作为一种“权益”而被授赐的。我们认为，“身份考虑”就是传统官僚等级管理有别于现代文官制的基本原因。

在中国历史上，曾出现过形形色色的品阶勋爵序列。如周代公卿大夫士爵、九命，秦汉二十等爵和封爵，魏晋以下的官品、五等爵、中正品、用作军阶的将军号，唐代的文武阶官、勋官，宋朝的寄禄官，以及各种散职、加号、兼官（它们往往形成了等级序列）。明清的学历或学位，即生员、举人、进士与翰林，也有充分理由将之视为一种品位，因为它们决定官僚的资格。这些等级序列，以不同方式服务于身份考虑和运作考虑，同一序列也可能发挥着多种功能。以往学者对它们往往是分别研究的，而我们借助“品位结构”概念，用以观察不同时代各种位阶品秩序列是如何链接、耦合和嵌套在一起的，它们共同组成了一个什么东西，在历代又是如何变迁的。

“品位结构”的焦点是考察各种位阶品秩之间的关系，这时候就有必要对“品秩的构成要素”加以解析了，以便分析它们在不同序列上是如何配置的。位阶品秩是为什么东西分等呢？或说配置在位阶品秩上的功能相关要素有哪些呢？我们将之概括为四个方面：权责、资格、俸禄及特权，简称“品阶四要素”。

一般说来，品阶较高者的职位则权力较大、责任较重，可以统辖较低的职位，所以品阶首先是“权责”的尺度。品阶也是对行政服务按劳付酬的依据，包括俸禄以及其他样式的物质待遇。品阶还是人员的资格尺度，“资格”是从属于个人的等级要素，它标示人员可以升入的职级和可以进入的职类。在讨论传统等级管理时我们把中正品、学历都考虑在内，正是因为它们构成了资格。传统中国的品阶勋爵上还附丽着各种特权，涉及政治特权、经济特权、法律特权、文教特权、礼制特权等，如任子、占田、官当、入学特权等。附带说，礼制等级安排，也有保障行政运作的意义，如印绶制度、致敬制度等。但总的说来，礼制等级保障了官僚作为一个高贵阶层的特殊生活方式，所以在“四要素”中我们将之归入“特权”类。

“品阶四要素”的概念，在综合辨析各种位阶品秩时将显示出其分析价值。比如秦汉二十等爵是不能依爵叙官的，就是说它不含“资格”要素；而北朝、隋、唐的五等爵序列可以叙阶，“资格”要素被配置于爵列之上了。那么其间变化，就值得研讨了。魏晋的中正品和历史后期的学历，构成了任官资格，有一定特权和礼制待遇，但无俸禄。官品在魏晋诞生时只有九级。南北朝出现了官品析分，一度分正从品，又分上中下阶，这样就有了五十四阶；旋改正从上下三十阶之制，加流外九品共三十九级。隋唐承用其制。而明清就只用正从十八等，无上下阶了。可见历代品级或“疏”或“密”，是发生过变化的。那是为什么呢？这个“疏密”问题，是可以从“四要素”的角度加以观察的。从行政层级说，宰相、六部以下不过四五个层级；从官署和职位说，考虑到要区分长官的正副职和属员，设十多级一般也就够用了。汉代有十七八个秩级，若不考虑“比秩”也就十级上下。唐朝俸禄十八等，上下阶俸禄是一样的，没有区别，而那就意味着，官品九品下的三十个(加上流外则是三十九个)阶次主要是用来处理“资格”要素的。唐官品的阶之繁密，显示此期的官僚等级管理特别重“资”。明清官品只十八等，则说明王朝对官僚资格的重视程度相对下降了。清朝的俸银俸米大致只依九品，除正九品、从九品薪俸略有区别外，其他各品不分正从，薪俸止十等，更为简化了。可见“品阶四要素”，就为考察不同位阶的分工与配合，提供了一个便利的概念工具。

唐宋繁复的品位安排尤其向人们提示，传统官阶的诸多重大问题，都是从人员结构与职位结构间的关系中衍生出来的。在观察“中国官僚政治的品位结构”之时，主要就是观察二者间的关系。在这时候，形形色色的位阶品秩，以至一切具有等级意义的制度安排，都应被纳入视野。不同安排在多大程度上、以什么方式服务于运作考虑或身份考虑；权责、俸禄、资格和特权诸要素，是如何被配置在不同的位阶品秩之上的；各种位阶品秩，又如何通过权责、俸禄、资格和特权等环节而链接、耦合、嵌套和搭配为一个整体的，诸如此类，就是“品位结构”的研究指向。

二、官阶制发展的五阶段与品位结构变迁的四线索

西方经济学有句俗话：只要学会两个词就能成为经济学家，“供给”与“需求”。讨论传统官阶制度，类似关键词也有这么两个：“品位”与“职位”。与此相关的是“品位分等”和“职位分等”，这两个概念是参照现代文官制度的“品位分类”和“职位分类”而拟定的。解析传统官阶制的模式建构，一方面着眼于其人员结构与职位结构的特殊关系，一方面就是来自品位与职位概念。从这两个概念出发，就能把三千年的中国官阶制，初步概括为五大阶段，它们是：

1. 周代的公卿大夫士爵级和命数，属品位分等；

2. 秦汉禄秩则具有从属于职位的性格，有强烈职位分等意味；

3. 魏晋南北朝的中正品、散官、军号，显示这是一个“品位化”的时代；

4. 唐朝的文武阶官和宋朝的寄禄官，属品位分等；

5. 明清时阶官制度明显淡化，各种待遇向职位靠拢，转而又向职位分等有所偏移。[①]

我们是在两个层面上讨论品位与职位问题的：技术层面

---

① 参看拙作：《品位与职位：秦汉魏晋南北朝官阶制度研究》，中华书局2002年版，第一章。

和政治层面。在技术层面上，品位分等和职位分等是各有优劣的两种人事制度，或人力资源管理手段；而在政治层面上，两种分等还跟每一时代、每一王朝的政治格局直接相关。在技术层面上，官品可以视为“共同职等”。至于职类划分，各王朝也有各种精巧安排。照叶炜君的看法，唐朝的“四善二十七最”，就可以看成一种职类概念。而在政治层面上，王朝上存在着不同政治势力，官贵也可以划分不同类型，例如贵族、文吏、儒生、寒人、士族、宗室、外戚、宦官、军人、文人、胥吏，异族政权下还有部落贵族，等等。他们相互间及其与皇权间的不同关系，也将促成不同的品位安排，这就是政治层面的“分类”了。

政治层面上的官贵类型与历代品位结构，有哪些变迁线索特别值得关注呢？下述四点不妨首先予以关注：“贵—贱”“士—吏”“文—武”“胡—汉”。

首先来看“贵—贱”。古代某些品位序列的高下安排，具有区分身份与阶层的意义。周代爵命体制下，拥有士以上爵级的人构成了一个高贵的阶层，这与其时的贵族政治是适应的。魏晋南北朝的九品中正制及官位“清浊”制，保障了门阀身份特权，沈约已指出其是一种“以贵驭贱”的制度。其时还有更多品位性安排，适应了门阀士族和部落贵族的门第权势，它们令高级文官和低级吏员的区别成为一种身份区分。而在另一些时代的另一些等级序列，却无贵贱之分。

有人觉得，不管依品位还是依职位分等，关键在于特权。

其实“特权”与“身份”，正是我们所关注的焦点之一。我们曾提供了如下认识：传统官阶制的发展历程显示，品位分等与官僚的“自利取向”，即身份化、特权化、封闭化以至贵族化倾向，有较大的亲和性；职位分等则与官僚的“服务取向”有较大亲和性，其时一般都存在着强悍的专制集权。品位分等是以“人”为本的，或者说以人的身份为本，所以当官僚身份化、贵族化了，就很容易出现品位性的等级安排。

衡量品位性安排发达程度的指标有三，即品位占有的稳定程度、品位待遇的优厚程度、品位序列的繁复程度。这就可能形成不同的组合。周朝爵命的品位待遇优厚而稳定，品位序列则相当简单。魏晋南北朝和唐宋的官僚品位，其稳定优厚不如周代爵命，其复杂烦琐程度则大大过之。如何认识这种差异呢？品位序列是一种行政安排，所以品位的复杂烦琐，是以官僚政治和行政制度发达程度为条件的。繁复而精巧的品位安排具有双重意义：一方面意味着官僚政治制度已相当发展了；一方面意味着其时官僚呈现了更浓厚的自利取向，他们具有较大的讨价还价能力，可以从皇权那里争得品位利益。明清随专制集权的强化，官僚们的讨价还价能力大为衰减，繁复的位阶相应就简化或淡化了。唐宋明清品位体制的流动性大，个人品位变动频繁，品位占有的稳定性小得多，其原因是“士大夫”或“绅士”阶层的身份性，比周代贵族、比中古士族淡弱得多。

再看“士—吏”问题。传统行政人员被分成“官”与“吏”两大类，前者的主体是科举士大夫、是文人，后者是胥吏，流内、流外的划分由此具有了特别的文化意义。这是中国传统品位结构最富特色的地方之一，它是中国“士大夫政治”的直接体现。[①]

周代爵命体制已孕育着士、吏两分的格局了。其时士以上拥有爵命者又是一个垄断文化的阶层，拥有“六艺”“九能”的教育，属“君子”；其下的府史胥徒，则承担各种细小的职役，属“小人”，其分等用“稍食”之法，“稍食”就是主子发放的衣食。[②] 质言之，在周代政治中已蕴藏着后世士、吏两分的先声了。这种品位结构可称“爵—食”体制，“爵”系“品位分等”，“食”则因其依事发放、依功定等，而蕴含着“职位分等”的种子。

秦汉的禄秩来自“稍食”，其以“若干石”的俸禄额度为秩名的做法，也源于“稍食”。若说周代“士、吏有别”，秦汉士人、文吏皆可迁至高秩，在这一点上是“士、吏无别”的。汉廷儒生、文吏并用，官资管理上明经、明法双峰并峙，并无轩轾。但在两汉四百年的漫长发展中，儒生逐渐取得优势。东汉后期公府征辟、孝廉察举明显优待名士，阻隔了单纯职业吏员的仕途。实际上，这就是后世流内、流外之分的最初萌芽。

魏晋的九品官人法以德行才能为士人定品，中正也任以

① “士大夫政治”参看拙作：《士大夫政治演生史稿》，北京大学出版社 1996 年版。

② 拙作：《从稍食到月俸——战国秦汉俸禄等级制新探》，《学术界》2000 年第 2 期。

名流。而这就意味着，中正品是一种偏向名士的品位。非士人者难以获得中正品，至少就文职而言，他们只好就任九品以下的吏职了。“士、吏有别”之制发展起来了。魏孝文帝把中正三品以下的七个等级转化为流外官，从而形成流外七品，北齐增为流外九品。可见流外制度，直接来自九品官人法，与士阶层的历史变迁直接相关。魏晋士族是一种文化士族，是由士人而形成“官族”。田余庆先生曾揭示，“由儒入玄”是形成士族的必要条件。[①] 士族形成与学术变迁的密切关系，是非常发人深思的。唐宋明清的科举制使学历成为主要官资，“士大夫政治”由此确立。学者对科举制取代中正制给予了充分强调，但很多人忽略了这一情况：就品位面向士人、文人一点而言，科举学历与中正品倒是一脉相承的。此外技术性官位往往被视同于“吏”，对其品位王朝可能做特殊处理，这也反映了传统官阶在分等分类上的特殊性。

“文—武”首先是一种职类区分，相应就会出现分别针对文职与军职的不同位阶，而且现代社会也是如此。但问题并不这么简单。余英时先生曾指出：汉代列侯非军功不能获致，而“宋代进士正式取代汉代侯爵的资格，这是士的政治地位上升的一个显著的象征”。[②] 周爵不分文武。但战国秦汉二十等军功爵来自军职的品位化，得爵条件取决于军功，就又明显

---

① 田余庆：《东晋门阀政治》，北京大学出版社 1989 年版，第 354 页以下。

② 余英时：《朱熹的历史世界：宋代士大夫政治文化的研究》，三联书店 2004 年版，第 201—202 页。

地偏重军人了。依西岛定生意见，这种来自军功奖励制度的爵制，在汉代已演变成为帝国身份体制的主干①；而在历史后期，却是科举学历构成了身份体制的主干，它维系着“士大夫”或“绅士”阶层的社会强势地位。

“文—武”问题，涉及了军人群体、军事活动、军队组织与专制官僚政治的关系问题。李开元先生揭示了“军功受益阶层”和“马上天下”的重大问题：“这是一个武力的政治优先的社会，武力产生了政权，政治决定着经济、身份、文化等其他方面。”这“暗示了一种极为严重的破坏性和贫乏的创造性”。② 但问题可能还不像“破坏性”那么简单。在王朝政治周期性趋于涣散的时候，“马上天下”是通过改朝换代而强化专制集权的有效途径。军事体制、军事活动与专制体制、官僚体制具有相当的同构性，例如同样依赖于法纪、功绩制、科层编制和权威—强制—服从关系。战国变法时，各国都通过军国主义道路而实现了集权化、官僚制化的历史转型。军爵就是其历史遗产。南北朝的历史，在某种意义上可以说是文化士族与军功贵族的历史。北朝军功贵族在重建法制、功绩制和复兴官僚政治上有着特殊贡献，而南朝文化士族的文化影响则阻碍了类似的推进。这一情况就投射到品位制度上了：南朝官僚结衔例以文号居前，北朝则以军号居前。我曾揭示，

---

① 西岛定生：《二十等爵制》，国际文化出版公司 1992 年版。

② 李开元：《汉帝国的建立与刘邦集团——军功受益阶层研究》，三联书店 2000 年版，第 256 页。

北朝的散官位阶化得力于军号的“拉动”之功，在其背后，就是军功势力对集权官僚政治的“拉动”，或说振兴之功。①

当然，军人的权势也可能流为一种粗放的军人政治，并造成割据的可能。从历史结局看，中国官僚政治最终是“重文轻武”的文官政治，相对于武人，士大夫占绝对优势。唐朝文阶可以换为军阶，宋朝文武阶的互换则极其困难。明清时，同品的文官与武官实际地位却相差悬殊，可见“文—武”本身就具有品位意义。但这不意味着王朝对军人的利益完全漠视。如“宋朝之待武臣也，厚其禄而薄其礼”②，“品阶四要素”的“俸禄”一项上王朝并不“重文轻武”。明朝官品，武职地位不低于文臣，公、侯、伯三等爵主要用于奖赏军功，文臣得者甚少。而且一旦发生战乱，军功资格就会重要起来。例如晚清战事频繁，“军功官僚”随即崛起。③

“贵—贱”“士—吏”“文—武”三条线索，是历代品位结构的变迁主线。此外还有一条“胡—汉”的线索掺杂其间。这主要发生在异族政权之下，体现在优待统治部族的品位安排之上。北魏前期的刺史官资，宗室一人、异姓二人。五等诸侯起家资格，以同姓、异姓、清修（汉人士族）为别。北魏的虎

① 拙作：《西魏北周军号散官双授制度述论》，《学人》13 辑，江苏文艺出版社 1998 年版。

② 章如愚：《群书考索·后集》卷二一《张演论》，《景印文渊阁四库全书》，台湾“商务印书馆”1986 年版，第 937 册第 294 页。

③ 参看杨国强：《军功官僚的崛起和轻重之势的消长》，收入《百年嬗蜕：中国近代的士与社会》，上海三联书店 1997 年版，第 50 页以下。

赀、羽林起家之途，主要就是面向鲜卑武人的。元朝承荫制度，蒙古、诸色目人比汉人优一等叙。对清朝品位制度优待满贵，邹容的《革命军》曾有声泪俱下的斥责[①]。官缺也被分为宗室缺、满洲缺、蒙古缺、汉军缺、内务府包衣缺和汉缺等。满洲只任六品以上官，旗员不做驿丞、典史等杂职。康熙初年虽然划一了满汉官品级，但汉大学士仍然班列于满大学士之次。满贵还有特殊仕途，例如侍卫、笔帖式。升、转、改、调的俸历计算上，满洲、蒙古官员也较汉官为优。

钱穆先生指出：元与清以蒙古人和满洲人为其拥护者，而且“任何一个独裁者，都有拥护他独裁的一个特定的集团”[②]。部落贵族的品位特权，恰好显示了品位体制的重要功能之一：标示“拥戴群体”，构建“效忠机制”。异族政权的特性之一，就是存在着特殊效忠集团。部族的自身凝聚力，其尚武传统，以及异族统治造成的民族压迫，在与汉式集权体制结合之时，都可能转化为专制集权的强化动力。中国历史上的几次异族入主，几乎都造成了类似的政治影响。在此意义上，异族入主是一种特殊类型的“马上天下”。当然，异族政权下的特殊品位有时候是隐性的，若干实际存在的优待并没有体现为正式位阶。张帆先生还曾指出这一情况：有时候异族统治者对汉式衔号的荣耀不怎么敏感，可能听任汉官占

---

① “要之皆满缺多于汉缺，无一得附平等之义者。是其出仕之途，以汉视满、不啻霄壤云泥之别焉！”《邹容文集》，重庆出版社1983年版，第45—46页。

② 钱穆：《中国历代政治得失》，三联书店2001年版，第150页。

据更高名号。但这并不意味汉官拥有实际的权势地位。

三千年的官阶史上出现形形色色的品级位阶，以及更多复杂精细的等级安排，以不同方式直接或间接地涉及了“贵—贱”“士—吏”“文—武”以及“胡—汉”的品位安排及变迁。在官阶制的五期发展中，“四线索”也呈现出了清晰的阶段性变化。

三、“爵本位”“爵秩体制”和“官本位”

不同时代的品位结构，有时候其“品位分等”意味较强，有时候其“职位分等”意味较强；从品阶要素的配置看，有些配置于品位，有的直接配置于职位，但也有很多配置于官品，而官品同时构成了品位与职位的等级，这是其与很多现代国家的文官等级制不同的地方。传统品位结构可以名为“多序列一元化官阶体制”。官品像是各种职位、品位及各种等级安排所辐辏的主干，把各种等级序列，如职、散、勋、爵及各种衔号都纳入其中，使之“一元化”了。官品造成了一个多序列彼此配合，高度整合而一体化的等级体制。这是个“官本位”体制，官品作为一元化的尺度，发挥着综汇、统摄、关联与衡量作用。

进一步具体观察各个时代，情况随即就变复杂了。比如北宋前期一段时间中，一度发生过“官品失效”的变故。不过，这不表明其时等级体制由一元化结构变为其他结构了。“一元化”的背后仍是官僚政治的“官本位”，某一等级尺度的失效，并没有改变“官本位”的体制本身。讨论冠服等级时有人鉴于“品不可用”，便主张“以官为本”①，即以本官为本，可见官资依然是等级之本；承载职事的差遣则因高卑剧散兼领等情况，不能用为冠服依据，这一点尤其反映了汉宋之异，即宋朝等级管理对“资”的重视大大超过汉朝。宋廷对“资”斤斤计较、条分缕析，不让官僚吃亏，并使用繁多品位序列精细调整官资，充分满足官僚的荣耀之欲，连地方行政官号也被用来“遥领”以为“叙迁之宠”。

若着眼于历代变迁，那么上述官品体制也有一个形成历程。周朝的品位结构虽然也是一元化的，但却是“爵本位”而非“官本位”的。为显示这个历史变迁，我们所说的“官本位”概念比今天的社会通用意义略有调整，它特指集权官僚政治之下的一元化等级秩序。比之贵族政治下的周朝品位，“官本位”呈现为复杂精致得多的制度形式，具有更大流动性，人员的等级升降变动频繁，其重心在“官”，有官方有位。周爵体制则形式简单、等级凝固，“爵”更多是对既得传统权位的一种形式认定，有位即有爵，“位”指贵族的身份地位。

由此继续推演，从历史早期一元化的“爵本位”到历史后期一元化的“官本位”，还曾经历了一个“爵、官二元性”的阶

① 《宋史》卷一五二《舆服志四》，元丰二年(1079年)详定朝会仪注所言。

段。兹述如下。

从品位结构角度看，周朝等级可以概括为“爵—食体制”。它分上下两段：其上段是公卿大夫士爵，其下段是胥吏的“稍食”等级。“爵”是这个体制的主干，各种权益和礼遇大多附丽于“爵”而不是“职”。这个体制不但是一元化的，而且是“爵本位”的，即身份本位。

随着二十等爵的出现与普及，以及“稍食”进化为禄秩，秦汉帝国的品位结构发生了重大变化，我们名为“爵—秩体制”，其结构特征是“二元性”。

正如以往学者所指出的那样，“军爵塑造新社会”。军爵采用功绩制，给了平民获得爵位的机会，因而具有革命性。但同时军爵也显示周代“爵本位”传统的历史影响。“爵”这种品位形式，在时人眼中浸透着传统、贵族色彩的社会荣耀。附丽于爵级待遇，其优厚大大超过后代。晋南北朝凭官品占田，秦汉则是凭爵级占田，限奴婢也以爵为准①。南北朝唐宋实行以官当罪，秦汉则是以爵当罪，“官”或“秩”不能当罪。清朝捐纳是卖官，汉代则以卖爵为盛。然而二十等爵上附丽着特权与禄养，却没有配置权责、资格。在这一意义上，我们说“爵”与“秩”是分离的。汉代列侯的参政权和察举权不久就萎缩了，爵级也并不构成叙阶或任官资格。如钱大昕所云：“爵虽高，初无职事，非有治民之责也。官有定员，而爵无定

① 西汉哀帝时有司提出的限奴婢方案，以诸侯王、列侯、关内侯、吏民为差，参看《汉书》卷一一《哀帝纪》。

员，故云：‘爵者上之所擅，出于口而无穷。’盖假以虚名，未尝列于仕籍。”[①]考之史料，依爵做官之事只发生在卖爵的场合，所以那其实只是“买官”的变相[②]。汉代赐吏爵也很特别，往往采用对某秩级以上官通赐某爵的形式，如“赐其吏六百石以上爵各一级”，“赐中二千石爵右庶长”之类。对这种做法，顾江龙称为“赐满”[③]。它不大像依功进阶的激励制度，却给人这样一种感觉：皇帝认为某秩级以上的官员段落，其地位应在爵级的某段落以上。这时候的“爵”更多被看成一种身份。有人把晋爵理解为“年功序列”，然而这是大有疑问的。汉代礼制依然使用周爵的卿、大夫、士的概念。“爵”的某一段落为“卿”，某一段落为“大夫”，某一段落属“士”；同时在礼制上，某一段秩级属“卿”，某一段秩级属“大夫”，某一段属“士”。卿、大夫、士的概念似乎可以发挥沟通爵、秩的作用，但实际并未在二者间建立起严格对应。

可以说，“爵”“秩”疏离所体现的“二元性”，就是汉代“爵—秩体制”的最突出特征。而理解这个特征，就得回顾周

---

① 钱大昕：《廿二史考异》卷三《平准书》，《嘉定钱大昕全集》，江苏古籍出版社 1997 年版，第 2 册第 54 页。

② 如《汉书》卷一〇《成帝纪》永始二年（前 15 年）诏：“入谷物助县官振赡者，已赐直，其百万以上，加赐爵右更，欲为吏补三百石，其吏也迁二等；三十万以上，赐爵五大夫，吏亦迁二等，民补郎。”右更为第十四级爵，五大夫为第九级爵。爵在右更者不过补吏三百石，爵在五大夫者补郎，而郎中不过比三百石而已。这与五大夫比六百石的通则明显不对应，表明爵非官资，由买爵而得官属特例。

③ 顾江龙：《汉唐间的爵位、勋官与散官：品位结构与等级特权视角》，北京大学历史学系 2007 年博士论文，第 50 页。

代“爵—食体制”。

在相当程度上，秦汉禄秩来源于周代“稍食”。它原是面向胥吏的等级手段，依功授食，依能定等，重“事”而不重“人”。“爵”是人的立身之本，而“职”是一种差使。越具原生性的社会，地位就越多地取决于对土地和人民的直接占有。“爵禄”以土地(及人民)的占有为内容，如卿大夫有采邑，士有禄田；自己没地没人而到人家里去做臣做吏，乃是一种较低贱的生活方式，属臣妾，主子可以任意驱使，并漠视其利益和荣耀。胥吏就是这样的一个卑微阶层。简言之，周爵体制有两个基本特征：爵重于职，爵高于吏。随战国官僚政治之进化，“吏”开始沿等级不断上升；作为“吏”之身份标志的禄秩，也在不断向上伸展，最终伸展到官僚体制的最高端，丞相和御史大夫也成了没有秩名的两个秩级。周代“爵—食体制”是上下结构，即贵族居吏之上；汉代“爵—秩体制”却变成了双峰并峙结构，“爵”“秩”并立了，即二十等爵与禄秩并立。

高敏先生指出，商鞅变法时仍有“爵与官合一”的情况，此后则出现了“爵与官的分离”，汉惠帝以后，“官与爵是互不相干的两码事了”[①]。但基于“爵重于职”“爵高于吏”的传统影响，人心中仍残留着这样的看法：“爵”是一种高贵身份，而“秩”是服事者的等级。尽管拥有“爵”与“秩”者可能就是同一

① 高敏：《秦汉史论集》，中州书画社1982年版，第40页。

批人，但从品位结构上，“爵”与“秩”却被处理为两套相互疏离的管理手段。“爵”以安排身份，而且是用一种富有传统性、贵族性的办法安排身份；“秩”以保障行政，而且是用不无现代性的、近于职位分等的手段保障行政，它是针对“吏”的管理办法。对官僚来说，拥有了“爵”就相当于拿到了贵族俱乐部的金卡，成了帝国公司的股东了，祭祀时还可以戴刘家的竹皮冠[①]。若无“爵”而只有“秩”呢？那你就只是个给皇帝打工的。汉代官场，官可大可小，级别可高可低，并没有一种从属个人的位阶足以维系官僚的官资；附丽于秩级的官僚特权，大大小于后代。以往管理胥吏之法，现在用以待百官了。汉代禄秩的性格，可以说就是“吏禄”。百官皆依秩定级、考课领俸，就意味着“百官皆吏”。秦汉政治精神就是“以吏治天下”。在秦汉的相当一段时间中，所谓“文法吏”呈现了很强的工具性，即单纯行政吏员性质，没有显示出与哪个社会阶层有特殊关系。

“爵—秩体制”显示两点：第一，汉帝国去古未远，周爵的传统依然影响重大；第二，也显示了周秦汉历史转型中官僚政治发展的强劲势头和巨大动能，它催生了一种富有“职位分等”特色的、“重事不重人”的禄秩等级手段。某种程度上，

① 《汉书》卷一《高帝纪》：“高祖为亭长，乃以竹皮为冠，令求盗之薛治，时时冠之，及贵常冠，所谓刘氏冠也。”汉高帝八年诏：“爵非公乘以上，毋得冠刘氏冠。”又名“长冠”。《续汉书·舆服志下》：长冠“祀宗庙诸祀则冠之”，“此冠高祖所造，故以为祭服，尊敬之至也。”

秦汉官僚体制蓬勃活力的来源之一，就是那种同时融合了传统与变革因素的“爵—秩体制”。

汉王朝的品位结构下，不但“爵”“秩”呈疏离之势，而且各种等级安排都很松散，一体化程度不高。例如八号常设将军逐渐具有了标志资位品位意义，但却没有与秩级形成一元化的对应。散官(大夫、郎、从官)具有明显的品位功能，但却被置于“比秩”，自成一类，在例行赏赐时，散官的赏赐额度与其秩级不相一致。汉代的冠服制度也很有特色。《续汉书·舆服志》等史籍叙汉代冠服，采用“以冠统服”模式；而且能看到，冠服较多地以事务、以从事某事的人来确定，即，从事某事时服某冠，或从事某事的人服某冠。就是说，秦汉冠服的分类功能强于后代，分等功能弱于后代。我以为，那就是历史早期不同人群从事不同事务的反映。那些人群还没完全纳入一个高度一元化的纵向分等体制之中。

当然，官僚政治一旦建立，官吏就成了帝国行政的骨干、社会生活的支配者。工具性的行政吏员，开始向“官僚阶级”缓慢演进。各种政治特权，法定的和隐性的，逐渐在秩级上积累着。通过“爵”的“秩”比视，一些特权配置逐渐由“爵”向“官”转移。以魏晋九品官品为标志，一元化的“官本位”体制，脱胎而生了。

初看上去，禄秩到官品的进化只是级差和级名的变化，但从结构、要素和功能看，就不只如此了。魏晋九品官品展示了一个"一体化"的重要进展。在《通典》所载《魏官品》《晋官品》中，列有职官，有散官，有军号，有封爵，有五等爵。那些在汉代彼此疏离的各种位阶，现在都被罗列在官品之中，从而纳入了一个统一框架，彼此获得了清晰确切的对应性和可比性，"一体化"了。这是品位结构在魏晋间最重大的进展之一。

秦汉"爵—秩体制"宣告终结。秩级最初虽没完全纳入官品，一段时间中品、秩并行，秩级在一定程度上决定俸禄。但时至北朝，薪俸要素就转移到官品上来，与官品一致化了。魏晋以下的五等爵，不但列于官品之中，而且被配置了资格要素。晋世名家身有国封者，起家多拜员外散骑侍郎；北魏有"五等诸侯选式"，同姓、异姓与清修三种人依爵起家之阶，森然可知、井然有序；唐朝叙阶，"或以封爵"。可见中古爵制与秦汉爵制，在用法上已有了相当不同。秦汉二十等爵，具有独立身份管理系统的浓厚意味；而南北朝和隋唐的五等爵列于官品，已从属于"官本位"，若不考虑宗室封爵，它已完全成为官僚的等级激励手段，也与官品一体化了。秦汉等级管理的"二元性"充分淡化了，以官品为标志的一元化品位体制，正式形成。

赵宋王朝时，"爵"又不再构成荫补的资格了。曾有一些官僚建议用爵位决定荫补，但并未被朝廷采纳①。明朝荫叙主

① 参看游彪：《宋代荫补制度研究》，中国社会科学出版社2001年版，第23页。

要依官品，爵以封将领之有功，文臣很难得到。因功而封公、侯、伯的将领有望充任京营总督、五军都督府掌佥书、南京守备或镇守总兵官，年幼嗣爵者可以入国子监读书，如此而已①。清乾隆制度，公、侯、伯依一品，子依二品，男依三品予荫，所谓“予荫”是许其入国子监为荫生、监生，再经考试而试用②。清朝封爵不滥，得爵困难。总的说来，明清不存在士大夫官僚大量以爵获得起家资格的情况。所以在某种意义上我们可以说，从“爵—秩体制”到一元化的“官本位”体制，其实经历了一个从“爵、秩疏离”到“爵、资相关”，又从“爵、资相关”到“爵、资疏离”的曲折进程。

在官品形成前后，有多种因素促成了官品的问世。汉晋间政治制度发生剧烈调整，其时人们曾尝试用各种方式安排品级。例如，有人用九命来推算官员礼遇，也有人用公卿大夫士爵推算官员礼遇。这都反映了对一种新的等级秩序的时代呼唤。而这时候，汉代的“朝班”或“朝位”，在官品形成中发挥了特殊作用。如前所述，汉代各种品位安排颇有彼此脱节、彼此疏离之处，封爵拥有者、行政官僚、散官、军官等各有其身份，彼此间的对应性、可比性不强。这时候“朝位”就显示了其推动位阶一体化的特殊功能。

当各色人等“欢聚一堂”，其时的朝位大排队，就是各色人等地位高下的综合反映。这时“朝位”就具有了综合性、一

① 《明史》卷七六《职官五》。

② 《清史稿》卷一一〇《选举五》“荫叙之制”。

体化尺度的意义。东汉二十等爵的身份功能不断低落，同时却能看到“朝位”的等级功能在上升。很多实例表明，东汉的朝位经常用以调整官职位望，可做抽象运用。作为等级手段的“朝位”有两个突出特点：第一是涵盖性，它容纳了齐聚朝堂的各色人等；第二是大排队，各色名位要一一排出高下，而且要排出一个纵向单列。而魏晋官品的性质，恰好就是其涵盖性，以及官职衔号大排队，讲究某官在某官之上、某官在某官之下。这显然都是从朝位的用法而来的。所以我们认为，九品官品的诞生，与朝位有密切关系。九品官品通过“涵盖”与“排队”，令事实上已形成的、为朝位所体现的一元化等级秩序正式化和制度化了。

朝位的这种用法，至宋犹然，例如“合班”“杂压”之法。“合班”“杂压”所寻求的，仍是“涵盖”和“排队”。宋前期一度官品效力大减，于是朝位的等级功能再度凸现，人们再度乞灵于朝位，是不奇怪的。唐朝朝位以官品为准，“职事同者先爵，爵同以齿”[①]；而宋朝对“合班”“杂压”忽然重视起来了，实行单列大排队，成为一种重要的地位安排，对此以往学者并没有提供充分解释，而我们认为是官品失效的一种弥补应对之方。很容易看出，朝位手段的重心不在“事”，而在“位”。即，其重心既不是放在行政重要性上，也不是放在各职位的指挥统属关系上，而是放在各色人等的相对地位上。官品

---

① 《新唐书》卷四八《百官志三》。职事官、文散官、武散官、勋官、封爵及年齿，其朝位高下的进一步调整，是以官品为前提的。

亦然。

魏晋以下“加位”“进阶”之事骤然增多，成为例行制度。汉人所说的“进位”仅指升官，魏晋南北朝的“位”“阶”却有了明显的双重性：既指官职阶次，也指官僚个人阶次。这两种意义的位或阶，都是官品九品下更细微的级差。官僚个人资位管理的细化，就是南北朝时九品官品进一步析分，分出正从品、上下阶的基础。南北朝唐宋官品的阶次比汉、比明清都繁密，是为了更精细地管理官资。较之秦汉，魏晋官僚的资格变得重要起来，皇帝不再漠视官僚资格，转而打算给予充分保障，这正是官僚业已形成一个阶级的表现，是前述工具性的文法吏“官僚化”的结果。而位阶的繁简是衡量品位化程度的三指标之一，可以由之探察官僚“自利取向”的浓厚程度。

总之，中国历史前期的等级品位体制，经历了一个从一元化的“爵本位”到“爵—秩”二元体制，进而再演化为多序列一元化“官本位”体制的结构性变迁。它反映了贵族政治向官僚政治的转型和过渡，乃是一个曲折的历程。在战国秦汉间的“天地一大变局”中，传统的贵族品位制度和新生官僚等级制度不是一刀两断，而是彼此交织的，传统与变革因素曾以一种相得益彰的方式结合一起，即“爵—秩”二元体制。此后的官僚政治和官僚阶级的发展孕育出了新的变迁。以魏晋官品为始，经南北朝的复杂品位变迁，在唐朝最终确立了“多序列一元化品位体制”，官品把职事官、文散阶、武散阶、勋官、封爵及更多等级安排融为一体。

四、传统品位秩序的三层面

上面是从历时角度，叙述了从“爵本位”到“爵—秩”体制、再到“官本位”的历史变迁。由此形成的“多序列一元化品位体制”，维系着一个金字塔式的政治等级体制，其基本结构是君、官、民。这是三层面的等级体制。韩愈《原道》云：“是故君者，出令者也；臣者，行君之令而致之民者也；民者，出粟米麻丝，作器皿，通货财，以事其上者也。”①

伦斯基指出，发达的农业社会通常都存在着巨大的不平等，而且其“权力、特权和荣誉的非常不平等的分配是从其政治系统的作用中产生的。更准确地讲，在这些社会中，政府制度是社会不平等的首要来源”。② 传统中国尤其如此，这里的政治系统在影响社会形态上的权重特别之大，它使经济变迁所引发的“社会变动率”相对减小不少。历史前后期的经济生活已颇不同，但人们对生活的感受却没那么大变动，感觉上依然生活在一个君、臣、民的秩序之中。那感觉不是没道理的。

假如只打算从技术层面考察官阶，那么埋头于“官”的层面就足够了；然若欲全面理解传统等级品位秩序，考求其更

---

① 《韩昌黎文集校注》，马通伯校注，古典文学出版社1957年版，第9页。

② 伦斯基：《权力与特权：社会分层的理论》，浙江人民出版社1988年版，第235页。

广泛的政治、社会与文化意义，就不能不把视野拓展到权力金字塔的三个层面上。所谓“三层面”，即“君—臣”层面、“官—官”层面、“官—民”层面。官贵并非虚悬空中，其实际地位，是相对于其上的君主和其下的民众而显示出来的。帝国的品位等级体制，也是参照着“三层面”而规划的。其样式、级差很多细节，涉及着君与臣的关系、官僚与官僚的关系和官僚与平民的关系。

下面先来看“君—臣”层面。帝王与官贵在身份上截然不同，但二者间也不是没有制度关联，它们可以体现在爵制、礼制等等安排上，从那些制度关联中能看到王权或皇权的历史变迁。举几个例子。周代贵族政治下，周天子还不是集权专制君主，这时候就有一种观念，把天子看成高于诸侯的一级“爵”。《周礼》，王畿方千里，公国方五百里，侯国方四百里，伯国方三百里，子国方二百里，男国方百里。这个数列，不就是当时周天子实际权势的一个折射，或者其时“等级君主制”的折射吗？周代不但天子是“君”，诸侯也是“君”，甚至卿大夫在自己的领地上也是“君”。先秦礼制，往往以九、七、五、三，或十二、九、七、五、三，或以八、六、四、二为差，那便以一种“数字化”方式，显示了君臣间的较小等级距离。一些相关礼制还可以得到考古的证明，例如用鼎制度。周代礼服就具有一种“如王之服”的结构特征，即从天子、诸侯、卿、大夫、士，地位高者可穿着的礼服种类多，地位低者可穿着的礼服种类少，但他们有共同的礼服。[1]《周礼》“五辂”的运用也遵循类似的原则。王夫之慧眼独具，从早期“礼数”中看到了这样一点：“古之天子虽极尊也，而与公侯卿大夫士受秩于天者均。故车服礼秩有所增加，而无所殊异。天子之独备者，大裘、玉辂、八佾、宫县而已；其余且下而与大夫士同，昭其为一体也。”[2]而至魏晋，舆服运用原则就被另行表述为“上得兼下，下不得僭上”，而非“如王之服”了。晋南北朝皇帝用五梁冠，官僚进贤冠为三梁、二梁、一梁；唐宋皇帝通天冠变成了二十四梁，官僚进贤冠则变为七梁到一梁。若说上述梁数变化是“君尊臣卑”的礼制反映，应能成立吧。明朝冕服逐渐为皇族所独用。明清封爵，封宗室者与封皇族者，逐渐分化为两个爵列。这都是君臣关系变化在品位等级安排上的反映。这类例子都告诉我们，君臣关系的变化，确是直接影响到了王朝品位等级的结构和形式的。

像前揭“贵—贱”“士—吏”“文—武”及“胡—汉”诸问题，其实都与君臣关系相关。观察中国皇权时，人们往往只看制度规定，但皇权的形态及强弱，也是皇帝与官贵的关系格局所塑造的。例如，文吏政治往往对应着一个刚性的皇权，而儒生参政能促成一个弹性的皇权；军事集团，尤其是部落显贵作为拥戴集团时，皇权趋于强化；等等。而这些都可能在

---

① 拙作：《宗经、复古与尊君、实用：中古〈周礼〉六冕制度研究（上）》，《北京大学学报》2005 年第 6 期。

② 王夫之：《读通鉴论》卷八《桓帝》，中华书局 1975 年版，上册第 210 页。

品位安排上反映出来。前面揭示的官僚“自利取向”与品位分等的关系，也是如此，表明皇权、贵族与官僚之间的关系，是将影响到品位结构的。

在皇权、贵族与官僚间的关系上，人们的认识存在着一些分歧。在这里我们也想表达一些基本认识。虽在概念上“专制”并不必然与“官僚制”相关，但典型的专制集权一般伴随着复杂的官僚组织和一大群官僚。在官僚帝国演生之初，刻意强化个人权势的统治者往往从打击贵族开始①；若君主面对着一群实力雄厚的大贵族，这君主是否还能说是专制集权的，就有疑问了。然则贵族因素较强，则专制集权程度下降。贵族政治时代的周王显然就不是专制集权君主。田余庆先生把东晋门阀政治的特征概括为门阀当权、皇帝垂拱②；而士族门阀，就是一种具有贵族性质的身份性官僚。而这就意味着官僚可能发生“贵族化”，并且这可能削弱皇权。在这一特定意义上，官僚与皇权间又存在此消彼长的关系，而并不如人所说，仅仅是“高度一致”的。孔飞力的《叫魂》，已通过一个个

---

① 战国变法对贵族势力的打击，就清晰地显示了这一点。艾森斯塔得也特别指出：集权君主总是力图摆脱传统的贵族、部族和显贵群体的束缚，见其《帝国的政治体系》，贵州人民出版社 1992 年版，第 15 页以下。又如，普鲁士的绝对主义王权与任用官僚和打击贵族相关。弗里德里希·威廉一世时“王权与等级贵族之间的权力斗争十分激烈，为了打击抗命的地方贵族，保证中央权力的集中，国王曾任命一批中产阶级出身的官员担任高级职务”。“因为这些人比贵族更听话”，而那些具有自我意识的容克贵族等却经常顶撞国王。徐健：《近代普鲁士官僚制度研究》，北京大学出版社 2005 年版，第 38—39 页。

② 田余庆：《东晋门阀政治》，北京大学出版社 1991 年版，“后记”部分。

案显示了专制君权与官僚的“常规权力”可能存在着此消彼长的关系①，而那只是历史后期皇帝与官僚矛盾的较小波澜罢了。通观中国历史我们能看到，若官僚的家族任官特权过大、身份性过强，则皇帝操纵名位、予取予夺的权力，官僚政治的选贤任能、按劳取酬的原则，就可能同时遭遇侵蚀；强悍的皇权则有可能无视官僚权益，强迫他们接受较苛刻待遇，服从于选贤任能、能上能下，干活就给钱、不干活就不给钱，并采用偏重职位分等的制度安排。谷川道雄先生曾说，中古贵族的身份依据，就是“品位”。应该说明，“自利取向”与“贵族化”应理解为一个连续的色谱，就是说，官僚的特权化、身份化、封闭化、贵族化，要从“程度”角度来观察。唐宋间繁复的品位安排，我们也认为是其时官僚“自利取向”浓度高于秦汉和明清的反映。

顺便说，皇帝之上还有天地与诸神，这中间也有个位阶安排问题。唐制“王者父天母地，兄日姊月，星辰视昆弟”，“五岳视三公，四渎视诸侯，其余山川视伯子男”。武德二年(619 年)唐高祖祭祀华岳，其时“北面再拜”；但武后证圣元年(695 年)有司议云：“谨按五岳视三公。四渎视诸侯。天子

① 孔飞力：《叫魂：1768 年中国妖术大恐慌》，上海三联书店 1999 年版。书中还引述了罗森伯格“王朝专制主义”和“官僚专制主义”两个概念。“王朝专制主义”的特点是君主个人对社会及“王家仆从”的支配，例如弗里德里希·威廉一世这个恶霸的统治下，官僚“出于恐惧而屈从于权威”；而“官僚专制主义”，例如后拿破仑时代的普鲁士，成了由职业官僚统治的国家，君主本人则成了“最高行政长官”。参看《叫魂》，第 248 页以下。

无拜诸侯之礼。臣愚以为失尊卑之序。其日月以上。请依旧仪。五岳以下。署而不拜。"皇帝"制可之"。[①] 武则天下令五方帝不得称"天"而改称"帝"。唐德宗又下令，祭祀五人帝的祝文中皇帝不称"臣"，因为"统天御极，则朕位攸同"，皇帝与五方帝是平起平坐的。这时的等级虽然事涉宗教虚拟，但也关乎中国皇帝的合法性。学者认为，其意义就在于确保昊天上帝作为顶点，以及皇帝特权的超越性[②]。

"官—民"层面考察，则可以提供另一些信息，展示中国等级社会的重大特点。与另一些教士、显贵、财阀、部落酋长或军人所支配的社会不同，传统中国是一个"官本位"的社会，其主要特点就是"阶级、等级与品级的更大一致性"，文官等级决定社会分层。社会等级与王朝官爵或官员品级的一致性，尤属"中国特色"。

"官"，或说王朝的品阶勋爵等各种等级品位，在颇大程度上决定着权力、地位、声望与资源的分配，决定着各种待遇和礼数。秦汉的依爵占田制，魏晋南北朝隋唐的官品占田或授田制，表明王朝的行政等级决定着最基本的生产资料——土地的分配。历史后期官僚依官品免丁免粮，免丁免

① 王溥：《唐会要》卷二二《岳渎》，中华书局 1955 年版，第 427—429 页。

② 参看金子修一《关于魏晋到隋唐的郊祀宗庙制度》及所引尾形勇的论点，《日本中青年学者论中国史·六朝隋唐卷》，上海古籍出版社 1995 年版，第 369 页。任爽先生亦云：由此皇帝成了"众神之中仅次于昊天上帝的人间之神，不仅与五帝之属并驾齐驱，而且让其余诸神匍匐于自己的脚下。"《唐代礼制研究》，东北师范大学出版社 1999 年版，第 34、215 页。但任先生的叙述对五方帝和五人帝区分不够清晰。

粮的特权也划出了一个统治阶级。通观整个帝国历史，“官僚地主”是最有权势的社会阶层。瞿同祖先生讨论过中国法律的阶级特权，而那些特权等级，其实都是王朝品爵，相关特权的规定无所不包，广及各种生活细节，而且旁及退休者和官贵的家族。[①] 葛承雍先生也认为：“这套金字塔式的官僚等级权力结构，使得各级官吏享有与其官品相应的政治经济特权，是社会财富的合法瓜分者。”[②]

而上述情况，都在王朝品位等级制度上留下了痕迹。首先如前所述，朝廷所颁发的官爵衔号是扩展到了社会民间的。秦汉二十等爵就是如此。北朝还有授予耆老军号和地方官号的做法，宋朝设有赐予道士和隐士的名号，明初也有赐民爵的做法，爵号为里士、乡士、社士之类。传统封赠制度，更使官号旁及于官僚的家属了。民间的有道有德者，也积极地请赠请谥。

进而，传统中国是一个“四民社会”，其最有特色之处就是一个“士阶层”的存在。先秦就出现了私学免役的习惯做法。汉代亦然。九品官人法之下，被认定了德才出众的士人，初次被以“王官司徒吏”形式纳入了王朝人事管理。科举时代，学生和学历拥有者成为正式身份，居官、民之间。据估算，明清生员有五十万余人。对秀才、举人和进士的特权及礼遇，王朝有正式规定，那跟品官的待遇形成了具有可比性的连续

① 瞿同祖：《中国法律与中国社会》，中华书局 1981 年版，第三、四章有关部分。

② 葛承雍：《中国古代等级社会》，陕西人民出版社 1992 年版，第 4—5 页。

级差。简言之，“四民社会”也是用位阶来维系的。

把王朝的品阶勋爵置于“三层面”的架构中加以观察，有助于更全面地认识那些品阶勋爵总体功能，由此深化对传统政治与传统社会的认识。

初看上去，官阶研究是一个很小的领域，并非显学。但在我们将之处理为一个“王朝位阶品秩结构”的问题，并把各种具有等级品位意义的制度安排都考虑在内的时候，这个领域就会变得重要一些了。对中国古代各色位阶序列，以往学者们虽不乏出色的研究，但往往是分别研究的，或只及其一，不及其余；或分而述之，但不大考虑它们之间的关系和联系，不大考虑它们相互链接、耦合、嵌套与搭配的样式。而“品位结构”概念则提示人们，应进一步把各种位阶间的复杂关系与共同组成的架构，把这种架构的变迁及因果，作为研讨对象。这就能带来众多的新鲜论题。

相关的概念和框架，属于一种“中等层次”理论。20 世纪的中国官阶研究留下了众多成果，但相关的理论建构还远不能说令人满意。现代政治学、行政学和文官制度的理论可以提供新的视角，没有理由拒绝新分析工具的引进。然而现代社会科学的相关理论，往往又是以西方和现代社会为背景的，并未充分考虑中国的历史经验。而在前现代传统社会，中国的品级位阶制度最为发达、繁密和成熟，其巨大历史惯性影响至今。近若干年对中国社会分层的众多研究，无不显示了干部行政级别对社会分层的巨大影响。这种分层样式，恐怕在可以展望的未来很多年中都不会有根本性变化。中国传统官阶研究，对认识当代中国，以至认识人类社会的等级现象，都有裨益。而这个研究，应在理论建构和史实考察两方面同时展开，而不能只是后者，以期既见树木，又见树林。

（邓广铭先生百年华诞纪念会论文，2007年3月提交）

分等分类视角中的汉唐冠服体制变迁

一、“冠服体制”概念及其分等分类原理

现代社会中穿戴何种服饰，主要取决于个人偏好和消费能力；而传统社会的特点之一，就是服饰的等级性。

格罗塞云：“在较高的文明阶段里，身体装饰已经没有它那原始的意义。但另外尽了一个范围较广也较重要的职务：那就是担任区分各种不同的地位和阶级。”①傅克斯把性别和等级视为服饰史的两大主题：“每个时代的服装总是重新决定并试图解决两性问题以及阶级隔离问题。君主专制主义也必定要考虑解决这两个问题的新路子。”②这说法有些片面，服饰的主题还可能包括职业、民族、地域等等差异。但无论如何，

① 格罗塞：《艺术的起源》，商务印书馆 1987 年版，第 81 页。

② 傅克斯：《欧洲风化史·风流世纪》，辽宁教育出版社 2000 年版，第 113—114 页。

传统王朝的冠服是最耀眼的身份标志，你拥有什么身份、处于什么地位、承担什么职事、属于什么人群，通过服饰一望即知，且不准僭越。服饰是区分人群的工具，等级服饰就是把人群按等级分隔开来的工具。麦克道尔又指出："服装是一种压迫工具，一种与穷人为敌的武器。它们被用来告诉人们衣着豪华的人不仅不同于其他人，而且由于其财富而胜过其他人。这些人穿在身上的衣服表明他们在智力、道德和社会地位方面的优越性。"①服装是一种权力，等级服饰的结构就是一个权力结构，或权力结构的一个"组件"。

与古希腊不同，但与绝大多数传统社会一样，中国传统王朝也存在等级服饰，它同样发挥着分隔人群、实现权力的功能。贾谊在《新书·服疑》中，把"制服之道"的意义阐述为"等上下而差贵贱"，"是以天下见其服而知贵贱，望其章而知其势"。漫长历史进程中，中国的等级舆服与时俱进，最终被"竭泽而渔"，或说尽其极致了。历代"正史"要专设"舆服志""车服志"以记其制，不仅是因冠服车驾之礼非常繁密，而且它们还是政治等级制的重要部分。《南齐书·舆服志》："文物煌煌，仪品穆穆。分别礼数，莫过舆服。"布罗代尔曾说："在西方，社会地位最细微的上升都要反映在服装上。"②那位法国

---

① C. McDoewll：*McDoewll's Directory of Twentieth Century Fashion*，London：Frederick Muller，1984，P. 10. 转引自克雷克：《时装的面貌》，中央编译出版社 2000 年版，前言第 3 页。

② 布罗代尔：《15 至 18 世纪的物质文明、经济和资本主义》，三联书店 2002 年版，第 1 册第 367 页。

人对中国服饰的了解若多一点儿，就该自叹不如、望“华”兴叹了。

黑格尔有一句话，我们认为是至理名言：“在中国，实际上人人是绝对平等的，所有的一切差别，都和行政连带发生。”[①]我们的视角是从服饰看权力，而中国的等级，是由王朝的品阶勋爵塑造的。等级服饰用以直观地标示其各色官贵的等级和类别。官阶的功能是什么呢？我们把它归结为二：为官职分等分类，为官员分等分类[②]。简言之，研究官阶，就是研究如何为官职分等分类、为官员分等分类。冠服体制是配合官阶品位的，官阶品位结构的变化，将导致冠服体制的变化。当然，二者并不是简单的一一对应关系，服饰变迁也有自己的规律，但前者肯定是后者的某种折射。也可以说，冠服体制是官阶史与服饰史的“叠加”。

本文所谓“冠服体制”，指的是王朝各色冠服及各种服饰元素（色彩、图案、款式和质料等），在总体上呈现出的分等分类样式，及其与官阶品位的配合方式。分等分类是通过概念来实现的。“冠服体制”既体现于具体的冠服及服饰元素，同时也必然是一套人为的概念。王朝利用一些称呼或命名，把不同冠服区别开来。我们还能看到，各朝典章及《舆服志》之类文献，其对冠服的叙述模式是不相同的。王朝典章对冠

① 黑格尔：《历史哲学》，上海书店2001年版，第125页。

② 参看拙文：《略谈中国古代的官阶品位体制研究》，“邓广铭教授百年诞辰国际学术会议研讨会”论文，北京大学中国古代史研究中心主办，2007年3月16—17日。

服的表述模式的变化，是探讨“冠服体制”的重要着眼之点。因为不同叙述模式的背后是不同意图，以不同方式利用冠服去维系等级的意图。

服饰等级就是制造服饰差异，讨论其分等分类，就是讨论其如何利用和制造差异。历代冠服变迁千头万绪、分外繁杂，如何提纲挈领地描述和概括它们，并从中提炼出一个“冠服体制”呢？在以往的研究中，也有论著用“等级性的强化”来描述历代服饰变迁的。这说法当然不错，历代冠服变迁的总趋势，确实就是“等级性的强化”。但具体说，究竟是哪些东西在变迁？就“冠服体制”即结构与样式的排列组合而言，到底发生了什么变迁？在这方面，就笔者管见所及，还没看到相关阐释。

这时候就需要探讨如下问题了：服饰差异是如何形成或被制造的？那有形形色色的情况。因生活方式和社会变迁，各种冠服会“自然”生发出来，并呈现出特异性，比如南方人戴斗笠，北方人戴皮帽。由此形成的冠帽区分，是为“自然差异”。所谓“自然”，是就其还没有基于等级需要而被人为改造而言的。在生活与工作中，我们又能看到校服、军服、警服、各色工作服之别，及邮电、工商、城管等部门的制服之别，此种类型的人为差异，可以名为“职事差异”。你还可能拥有很多套服装，穿哪样因活动的场合与规格而异，隆重的典礼场合上穿高档礼服，家居场合时穿休闲装。荻村昭典就曾谈到，家居穿着比较轻松的服装，到公司上班就得服装整洁，“为了适应与他人的相互关系，值得考虑的是服装的 T(time 时间)、P(place 地点)、O (occasion 理由)”。[1] 装束打扮依活动的场合与规格而定，对这一做法，姑称“场合差异”。还有一种情况：军人穿着彼此类似、同样风格的军服，但要以肩章、领章、徽章等区分军衔高下。在同一款式的服装上，进一步利用服饰元素来制造等级差别，我们叫它“级别差异”。

服饰差异当然还有很多种，它们服务于人际交流和身份标识的不同需要，对此服饰社会学的研究者已有阐述了。[2] 上文所揭示的几种差异，是针对本文的研究目的与对象而量体裁衣、特别设计的。设计得当的概念是锐利的分析工具，将为解析、阐释和描述提供重大便利。围绕不同差异，可以形成不同的分类分等。基于“自然差异”，就会有“自然分类”；基于“职事差异”，就会有“职事分类”；寻求“场合差异”，将导致“场合分等”；寻求级别差异，将导致“级别分等”。某一时代的冠服体制中，几种差异往往是同时被利用的；但冠服体制的重心落在了哪种分类或分等上，却不相同。所谓“重心”，是就官僚队伍的主体而言的，主体就是品官。品官之外还有各种杂色人等，他们人数众多且各有其服，但其杂服不构成王朝冠服体制的主体。这个区分是很重要的，因为品官冠服和杂色人等的杂服，其变迁趋势很不一样。总之本文的

---

① 荻村昭典：《服装社会学概论》，中国纺织出版社 2000 年版，第 59 页。

② 可参看华梅《服饰社会学》，中国纺织出版社 2005 年版，第三章“社会角色的标志——一般社会角色和特定身份标志”中的“标明性别差异”“标明社会地位”“标明社会职业”“标明政治集团”“标明信仰派系”“社会活动标志”等节。

思路是这样的：面向官僚队伍的主体，观察历代冠服主要依据或重点突出了哪些差异，用什么方式表现那种差异；由此就可以进一步探讨其用意、效果和原因了。

这种分析方法，打个不甚恰当的比方，可以说是“结构主义”或“形式主义”的，即：与服饰史的研究者不同，不是讨论具体冠服或服饰元素，而是看各种冠服及元素的排列组合，由此解析冠服体制的分等分类样式，以及它们在不同时代的变化。后文的讨论，将依时代推进，陆续围绕周朝、汉朝和魏晋以下等几个时段而展开。

二、周朝冠服体制：自然分类与级别分等

首先来看周朝的情况。在中国历史上，夏商周属早期国家阶段。经夏商而入周，典章大备而文物灿然，冠服体制也略具形态了。

古人是很重冠的，或说是“以首饰为重”的。“在身之物，莫大于冠”[1]。冠礼上的三次加冠，都有庄重的象征意义[2]。子

---

① 《论衡·讥日》。后文又云：“造冠无禁，裁衣有忌，是于尊者略，卑者详也。”也是“冠”尊于“衣”的意思。上海人民出版社 1974 年版，第 367 页；又刘盼遂：《论衡集解》，古籍出版社 1957 年版，第 480 页；黄晖：《论衡校释》，中华书局 1990 年版，第 994 页。

② 杨宽先生说：“可知初次加冠，无非表示授予贵族‘治人’的特权；再次加皮弁，无非表示从此有服兵役的义务，有参与保护贵族权利的责任；三次加爵弁，无非表示从此有在宗庙中参与祭祀的权利。”见其《古史新探》，中华书局 1965 年版，第 252 页；《西周史》，上海人民出版社 1999 年版，第 770 页。

路在卫国遭难，被击断了冠缨，说是“君子死而冠不免”，“遂结缨而死”。[①] 各种冠帽之中，“冕”是最重要的礼服与祭服。后来“冠冕”都成了仕宦的代称了。礼书说周代大夫以上戴冕，士戴爵弁。《周礼》更描述了一种复杂严整的“六冕”等级制，规定天子服大裘冕以下，公服衮冕以下，侯伯服鷩冕以下，子男服毳冕以下，孤服絺冕以下，卿大夫服玄冕以下；士不服冕，而是服皮弁以下。六冕等级，主要依冕旒之数和服章之数而定，旒章的等级则遵循着十二、九、七、五、三、一的数列。周朝冕服的旒章等级是否真那么整齐，是可疑的[②]，但从“乘轩服冕”之类相关记载看，礼书中的“大夫服冕”说法倒不算空穴来风。国君的冕服，应比大夫更高贵些。所以天子、国君、大夫、士的冠冕，是应有某种等级差异的。

周代任命贵族官员的册命礼上，官员所得到的赐物中往往有命服。就册命金文所见，命服中有“玄衮黹屯”，也有“玄衣黹屯”。一般认为“衮”是龙形纹饰，那么“玄衮”和“玄衣”的区别，就在于是否绣有龙纹了。《荀子·富国》：“礼者，贵贱有等，长幼有差，贫富轻重皆有称者也。故天子袾裷衣冕，

---

① 《史记》卷六七《仲尼弟子列传》。

② 首先周朝的冕是否有旒，无法在考古中得到证明。周以至夏商虽然出土了很多穿孔玉珠，但那多是与项链、玉组佩等相配套的，并不是冕旒所用的玉珠，看不到冕旒的迹象。其次是服章。周朝冕服上存在着“火龙黼黻”之类纹章，可以推测等级较高则可以使用的纹章较多，但《周礼》中那种严整的十二章等级在先秦是否存在，得不到其他史料的印证。

诸侯玄裷衣冕，大夫裨冕，士皮弁服。”[①]“裷”就是“衮”。那么天子、诸侯可以服衮，但大夫不能；大夫可以服冕，但士不能。《荀子》是先秦作品，其中关于“冕服”的记载应有某种根据，可以反映战国的礼服等级。

册命金文所见命服中，各色“市”和各色“黄”的组合，其等级意义是很明显的，学者已尝试了各种排比。[②]“市”即“芾”“韨”或“韠”，是一幅兽皮蔽膝，盖在“裳”前。“黄”即“璜”“衡”或“珩”，是玉组佩中一块横玉[③]。《诗经·小雅·采芑》：“服其命服，朱芾斯皇，有玱葱珩。”[④]看来，“朱芾”与“葱珩”是“命服”最耀眼夺目的地方。《礼记·玉藻》：“一命缊韨幽衡，再命赤韨幽衡，三命赤韨葱衡。”[⑤]《说文解字》卷七

---

① 王先谦：《荀子集解》，中华书局 1988 年版，第 178 页。

② 参看杨宽：《西周史》，上海人民出版社 1999 年版，第 476 页以下；陈汉平：《西周册命制度研究》，学林出版社 1986 年版，第 284 页以下；汪中文：《西周册命金文所见官制》，台湾“国立”编译馆 1999 年版，第 324 页以下。

③ 郭沫若先生认为“黄”是佩玉：“黄、珩、衡为一物”；“古金文乃至甲骨文中之黄字或从黄之字所从黄字，为珩之初文，乃玉佩之象形。”分见《金文丛考·金文余释·释黄》，人民出版社 1956 年版，第 163 页；《师克盨铭考释》，《文物》1962 年第 6 期。杨宽先生说同，见其《西周史》，上海人民出版社 2003 年版，第 475 页。但唐兰先生认为“黄”是系市之带，见其《毛公鼎朱韨葱衡玉环玉瑹新解》，《光明日报》1961 年 5 月 9 日，收入《唐兰先生金文论集》，紫禁城出版社 1995 年版，第 88 页以下。此说得到了陈梦家的支持，见其《西周铜器断代·赏赐篇·释黄》，《燕京学报》新 1 期，北京大学出版社 1995 年版，第 277 页以下。近年孙机先生详考其事，认为“黄为命服中的玉佩，至此已无可置疑”，见其《周代的组玉佩》，收入《中国古舆服论丛》，文物出版社 2001 年版，第 124 页以下。

④ 《十三经注疏》，中华书局 1980 年版，第 426 页上栏。

⑤ 《十三经注疏》，中华书局 1980 年版，第 1481 页上栏。

下："天子朱市，诸侯赤市，大夫[赤市]葱衡。"[1]结合出土组玉佩看，珩的数量和颜色，都有等级。有学者甚至认为，黄帝始用佩璜，"黄帝"之"黄"来自佩玉之"璜"，"很可能黄帝所创衣制，就是以璜佩增饰并用以表示阶级"。[2] 金文赐物有"朱黄"。古人很少用红色玉，但古玉中却有涂朱现象，"朱黄"大概就是涂朱的璜[3]，涂朱的目的，就是人为制造佩玉等级差异了。周朝命服的色彩，就册命金文看也有等级意义的[4]。前引《荀子·富国》也提到了天子穿朱衮、诸侯穿玄衮。后代的"服色"制度，周代已有先声了。

西周春秋的礼服等级，肯定不像帝制时代那么井然有序[5]。礼书将其纹样、色彩、质料和尺寸等等弄得过分整齐了，那未可尽信，但也不是全无根据。而且能看到，周代的服饰安排主要围绕"分等"而展开，由此制造出和强化了"级别差异"。具体说，那表现在用一套相似的礼服，进而通过是否戴冕，以及纹章、佩玉、服色等方面的差异，来区分等级上。

---

① 许慎：《说文解字》卷七下，中华书局 1963 年版，第 160 页。"赤市"二字据段玉裁之说补，见其《说文解字注》，上海古籍出版社 1981 年版，第 362 页下栏。

② 许进雄：《古事杂谈》，商务印书馆 1997 年版，第 179 页。

③ 孙机：《周代的组玉佩》，收入《中国古舆服论丛》，文物出版社 2001 年版，第 131 页。

④ 陈梦家：《西周铜器断代·赏赐篇》，《燕京学报》新 1 期，北京大学出版社 1995 年版，第 274 页以下；陈汉平：《西周册命制度研究》，学林出版社 1986 年版，第 286 页以下。

⑤ 许倬云先生也说："《礼经》所谓君子庶人之别及封建阶级之间的区分，都未必是如何井然有序的。"《求古编》，台北联经出版事业公司 1982 年版，第 223 页。

至于“职事差异”，即从事特定职事者穿着特定服饰的做法呢？这方面的相关人为安排，史料所记就相对少多了。那并不说明西周春秋冠服不存在“职事差异”，只能说，当时仍是个缺乏职能分化，而身份分等非常严明的社会，人们对服饰之等级功能之关注，主要是区分身份高下。

若从考古材料看，商周冠形服式多姿多彩、形制各异，其“自然差异”是相当之大的。① 但“冠服体制”不全是自然状态，它主要是一套人为的规划和人为的概念，是统治者如何安排和阐述冠服。面对“自然差异”时，人们有意识地强化一些东西，同时忽略了一些东西。富裕的人穿得阔、饰物多，那也算一种自然差异吧；然若人为地规定某等级的富人才能使用某服某物，甚至把它们安排为数列形式，不准逾等僭用，那就是“冠服体制”了。若排除了“自然”成分而重点去推敲冠服上那些人为安排的痕迹，则考古与文献材料给人的共同感觉是，在运用冠服和阐述冠服的类别时周人所最关心的，不是如何把不同职事及其承担者区分开来，而是如何把人的地位高低区分开来，让天子、诸侯、卿大夫、士、庶人尊卑有别，各得其所。打仗穿军服、祭祀穿祭服、典礼上穿礼服之类情况，当时肯定有，但远不如等级差异那么

① 参看石璋如：《殷代头饰举例》，《“中央研究院”历史语言研究所集刊》第 28 本下，1957 年；周锡保：《中国古代服饰史》，中国戏剧出版社 1984 年版，第 6 页以下；宋镇豪：《夏商社会生活史》，中国社会科学出版社 1994 年版，第 385 页以下；宋镇豪：《中国风俗通史》第 2 卷夏商卷，上海文艺出版社 2001 年版，第 347 页以下；陈高华、徐吉军：《中国服饰通史》，宁波出版社 2002 年版，第 61 页以下。

突出。

这样看来，周代冠服的“自然分类”仍很浓重，同时冠服体制的重心落在了“级别分等”上，以分等为主。究其原因，则在于周代处于历史早期，人为的冠服规划远不如后代精致；同时又是一个贵族等级社会，身份凝固而严明，冠服等级服务于贵族等级。

三、秦汉冠服体制：“自然分类”与“职事分类”

战国时新服饰在各地不断涌现，异彩纷呈，展示了一个多元化新时代的蓬勃活力。旧日的贵族服饰传统被打断了。一些新兴群体拥有了其特殊服装。例如殷朝留下来的某种服装变成了“儒服”。“儒服”说明，学士或儒生群体已从旧日的贵族等级体制中分化出来了，它成了一个功能群体的标识，但不是一个政治等级的标识。按本文概念，这是一种“职事分类”。

秦汉统治者着手整饬冠服。《续汉书·舆服志》所叙东汉冠服，就是战国秦汉的服制变迁的一个结集。那个冠服体制施行于东汉，但其中所反映的分等分类观念，我们认为是可以代表整个秦汉的。下将《续汉书·舆服志》中的东汉冠服略陈于此：

长冠：又称斋冠、刘氏冠，祀宗庙诸祀则冠

之。据说为刘邦早年所造所服，故为祭服，尊敬之至也。

委貌冠：行大射礼于辟雍，公卿、诸侯、大夫行礼者冠委貌，衣玄端素裳。

皮弁：与委貌冠同制，以鹿皮为之。行大射礼于辟雍，执事者冠皮弁。

爵弁：一名冕。祠天地五郊明堂，云翘舞乐人服之。

通天冠：乘舆所常服。深衣，有袍，随五时色。

远游冠：制如通天冠，有展筩横之于前，无山述，诸王所服也。

高山冠：中外官、谒者、仆射及洗马所冠。

进贤冠：公侯三梁，中二千石以下至大夫、博士两梁，自博士以下至小史私学弟子，皆一梁。

法冠：侍御史、廷尉正监平服之，又名獬豸冠。

武冠：或称武弁大冠，诸武官冠之。侍中、中常侍则加金珰、附蝉、貂尾。刘昭云其为“鵔鸃冠”，不过鵔鸃冠系郎中之服，上插鸟尾，非貂尾。①

建华冠：据说来自古代的鹬冠。天地、五郊、

---

① 《汉书》卷九三《佞幸传》：“故孝惠时，郎侍中皆冠鵔鸃，贝带，傅脂粉。”《汉书》卷六三《武五子传·燕王刘旦传》记，汉宣帝时燕王刘旦谋反时：“旄头先驱，郎中、侍从者着貂、羽，黄金附蝉，皆号侍中。”按貂、羽似不当并插，插貂者是侍中，插羽者为鵔鸃冠、鹖冠。此句应理解作郎中着羽，侍从着貂，皆黄金附蝉、号侍中。

明堂之礼，育命舞乐人服之。

方山冠：似进贤冠，祠宗朝，大予、八佾、四时、五行乐人服之，冠衣各如五行五方之色。

巧士冠：郊天时宦官黄门四人冠之，乘舆车前以备宦者四星。

却非冠：制似长冠，下促。宫殿门吏仆射冠之。负赤幡，青翅燕尾。

却敌冠：制似进贤，卫士服之。

樊哙冠：汉将樊哙造次所冠，制似冕。司马殿门大难卫士服之。

术氏冠：前圆，吴制，差池逦迤四重。赵武灵王好服之。

鹖冠：武冠加双鹖尾则为鹖冠。五官、左右、虎贲、羽林五中郎将、羽林左右监，及虎贲、武骑皆鹖冠。“羽林”即指鹖尾如林。又郎官与中郎将也冠鹖冠。

汉朝所用冠服当然不止这些种，各时期也会有一些变化。还有一种“旄头”，曾是羽林中郎将及羽林孤儿的发式[①]；还

① 卫宏《汉旧仪》卷上：“中郎将一人，施旄头，属羽林。”见周天游：《汉官六种》，中华书局1990年版，第34页。又《汉书》卷六三《武五子传·燕王刘旦传》：“建旌旗鼓车，旄头先驱。”颜师古注：“凡此旄头先驱，皆天子之制。”

有一种“小冠”，曾为县令县长之所服①。此外儒生官僚往往旁置官服不用而另穿儒服，这问题将另行讨论，本文不赘。

读者也许会说，《续汉志》乃晋人司马彪所作，难以反映汉人的冠服观。不过我想这问题不算很大。汉末蔡邕的著作《独断》，其对冠服的叙述模式就与《续汉志》类同：所叙述的冕、帻、通天冠、远游冠、高山冠、委貌冠、进贤冠、法冠、武冠、长冠、建华冠、方山冠、术士冠、巧士冠、却非冠、樊哙冠、却敌冠等②，与《续汉志》笔调大同小异。此外由残留史料片段所见，应劭《汉官仪》、阮谌《三礼图》、董巴《大汉舆服志》等书③，其叙述汉代冠服的笔法，跟《续汉志》也是大同小异的。

《续汉志》所代表的那种叙述模式，是以冠为纲，以冠统服。即先述冠，再述服，再述使用此冠此服的其人其事。以

---

① 《汉旧仪》卷上：“选能治剧长安、三辅令，取治剧。皆试守，小冠，满岁为真，以次迁。奉引则大冠。”同书卷下：“县户口满万，置六百石令，多者千石。户口不满万，置四百石、三百石长。大县两尉，小县一尉，丞一人。三百石丞、县长黄绶，皆大冠。亡新令长为宰。皆小冠。”均见周天游：《汉官六种》，中华书局1990年版，第68、82页。可见“小冠”有非正式或等级稍低的意思，“大冠”就应是标准制式的进贤冠了。《汉书》卷六八《霍光传》“更以(霍)禹为大司马，冠小冠，亡印绶。”霍禹“冠小冠，亡印绶”，都是地位稍低的意思。《续汉书·舆服志下》刘昭注引《古今注》：“建武十三年，初令令长皆小冠。”这个做法，也许可以同光武帝裁减郡县、精兵简政的措施联系起来。

② 蔡邕：《独断》卷下，上海古籍出版社1990年版，第18页以下。

③ 《续汉书·舆服志》《隋书·礼仪志》《太平御览·服章》等所引。应劭、阮谌是汉末人，董巴是曹魏博士。

冠为纲，体现了“以首饰为尊”的早期风习。但是，别的少数民族的服饰史上也有“重头”现象，能看到“琳琅满头”的盛况。[①] 进而《续汉志》的叙述模式给人一种感觉：它在展示王朝搜罗和拥有了多少种冠服，而不仅仅什么人、如何使用这些冠服。而这就表明，汉代冠服体制比较“原生态”，保留着浓厚的“自然差异”。

“自然差异”源于生活。战国秦汉间社会生活发生了巨大变化，新鲜的冠服大量涌现。汉代冠服体制，就是在周朝礼服传统出现断裂之后，由各种来源另行形成的。

这个断裂和转折之中，“秦始皇定冠服”的事件，是决定性的：

> 《后汉纪》汉明帝永平二年(59 年)春正月：自三代服章皆有典礼，周衰而其制渐微。至战国时，各为靡丽之服。秦有天下，收而用之，上以供至尊，下以赐百官。[②]
>
> 《续汉书·百官志》：降及战国，奢僭益炽，削灭礼籍，盖恶有害己之语，竞修奇丽之服……及秦并天下，揽其舆服，上选以供御，其次以锡百官。

---

① 戴平指出：“纵观中国少数民族之饰，有一个值得注意的现象，就是：重头轻脚。这一现象古已有之……”见其《中国民族服饰文化研究》，上海人民出版社 2000 年版，第 235 页以下。

② 荀悦：《两汉纪》，中华书局 2005 年版，下册第 165 页。

《晋书》卷二五《舆服志》：逮礼业雕讹，人情驰爽，诸侯征伐，宪度沦亡，一紫乱于齐饰，长缨混于邹翫。……若乃豪杰不经，庶人干典，鹔鷞冠于郑伯之门，蹑珠履于春申之第。及秦皇并国，揽其余轨，丰貂东至，獬豸南来。……除弃六冕，以袀玄为祭服。

通天冠据说是秦冠，术士冠据说就是“吴制”了，非秦产。獬豸冠据说是楚国王冠，有獬豸之象，秦灭楚而得之，赐给了御史戴[①]；远游冠据说也来自楚国王冠，秦汉给了太子诸王

---

① 《续汉书·舆服志》：“獬豸神羊，能别曲直，楚王尝获之，故以为冠。胡广说曰：《春秋左氏传》有南冠而絷者，则楚冠也。秦灭楚，以其君服赐执法近臣御史服之。”汉代的獬豸冠两角，见《续汉志》注引《异物志》：“今冠两角，非象也。”又蔡邕《独断》卷上：“今冠两角，以獬豸为名，非也。”《淮南子·主术》：“楚文王好服獬冠，楚国效之。”见张双棣：《淮南子校释》，北京大学出版社 1997 年版，第 986 页。包山楚简有“桂冠”，胡雅丽先生认为就是“鲑冠”，亦即獬豸冠，见其《包山楚简服饰资料研究》，收入王光镐主编《文物考古文集》，武汉大学出版社 1997 年版，第 251 页。陈荣先生认为，獬豸冠最初来自羌族的羊角帽，楚人来源于西羌，所以楚王好服獬豸冠。见其《论獬豸冠与“西王母”》，《青海社会科学》2004 年第 5 期。

戴，新起名为远游冠[①]；惠文冠据说是赵国王冠，上垂貂尾，秦灭赵而得之，赐给了侍中戴[②]；高山冠据说是齐国王冠，秦

① 《隋书》卷一二《礼仪志七》："故《淮南子》曰：'楚庄王冠通梁组缨。'注云：'通梁，远游也。'"《通典》卷五七《礼十七·嘉礼二》："远游冠，秦采楚制。楚庄王通梁组缨，似通天冠而无山述。"中华书局 1984 年版，第 328 页下栏。按，今检《淮南子》，无"楚庄王冠通梁组缨"之文；仅其《齐俗》篇有"楚庄王裾衣博袍，令行乎天下，遂霸诸侯"一句。然而《太平御览》卷六八五《服章部二·远游冠》引云："《淮南子》曰'楚庄王通梁组缨。'高诱曰：'通梁，远游冠。'"中华书局 1984 年版，第 3065 页下栏。又见《事类赋注》卷一二《服用部·冠》，中华书局 1989 年版，第 261 页；《玉海》卷八一《车服·远游冠》，江苏古籍出版社、上海书店 1987 年版，第 1507 页下栏等。又王念孙《广雅疏证》卷七下："《淮南子·齐俗训》：'楚庄王通梁组缨。'《太平御览》引高诱注云：'通梁，远游冠也。'"上海古籍出版社 1983 年版，第 899 页。王泰岳等《四库全书考证》卷二六《隋书卷十二》："'楚庄王通梁组缨'，刊本'缨'讹'缕'，据毛本及《淮南子》改。"书目文献出版社 1991 年版，第 629 页上栏。又《后汉书集解校补》，柳从辰亦云："《淮南子》：'楚庄王通梁组缨。'高注：'通点，远游也。'是此冠亦楚制。"参看王先谦：《后汉书集解》，中华书局 1984 年版，第 360 页上栏。似乎王念孙、王泰岳、柳从辰都确实在《淮南子》中看到了"通梁组缨"四字。《墨子·公孟》提到了楚庄王"组缨"："昔者，楚庄王鲜冠组缨，缝衣博袍，以治其国。"但其"鲜冠"二字不同于"通梁"。录以存疑。

② 《续汉书·舆服志下》："武冠，一曰武弁大冠，诸武官冠之。侍中、中常侍加黄金珰，附蝉为文，貂尾为饰，谓之'赵惠文冠'。胡广说曰：赵武灵王效胡服，以金珰饰首，前插貂尾，为贵职。秦灭赵，以其君冠赐近臣。"汉代国王仍有用惠文冠的。《汉书》卷六三《武五子传》：昌邑王刘贺"衣短衣大绔，冠惠文冠"。但孙机先生认为"惠"是稀疏的繐布，与赵惠文王无关，见其《进贤冠与武弁大冠》，收入《中国古舆服论丛》(增订本)，文物出版社 2001 年版，第 169 页。按，蔡邕《独断》卷下："法冠，楚冠也。一曰柱后惠文冠。"《丛书集成初编》，中华书局 1985 年版，第 28 页。法冠是楚冠，非赵冠，然而也称"惠文"，可见"惠文"与赵惠文王无关，孙先生所云甚是。但这只是说"貂尾为饰"之冠与赵惠文王无关，却不能说其与赵武灵王无关。赵武灵王"胡服骑射"时，"王遂胡服"，见《战国策·赵策二》，上海古籍出版社 1985 年版，第 655 页。此冠的特点不在繐布，而在饰貂，而饰貂应系胡服。《续汉志》注引胡广曰："意谓北方寒凉，本以貂皮暖额，附施于冠，因遂变成首饰。"从汉代画像"二桃杀三士"中的冠上貂尾形象看，是很粗的貂尾从顶部弯曲垂下的，与后世斜插在冠之侧部，似有不同。

灭齐而得之，赐给了谒者戴①。在楚汉间，一度连小吏贱民都戴那高山冠了②。赵国还有一种鵔鸃冠，冠上饰羽，也是王冠③，秦汉时却成了侍中、郎中之冠④，大概也始于秦始皇的“收而用之”。“丰貂东至，獬豸南来”，列国之冠在新的土壤中滋生出来，冲破了周朝礼服传统，又在秦欢聚一堂了。展示罗列被“收而用之”的各国冠服，也就是在展示混一六合、天下一家的光辉业绩。

从服饰史研究者看来，秦始皇收六国冠服而用之，只表明那些冠服被沿用了而已，其所体现的是“连续”；但我们是从“冠服体制”，即从冠服之分等分类，及其与帝国官制的分等分类的配合角度看，那事情就意义非凡了。首先我们看到了“断裂”。因为在赐冠之时，皇帝是重新确定了那些冠的用途的，连昔日的王冠，都给了御史、给了侍中、给了谒者、给了郎中。就是说，那些冠服与王朝品位结构的配合方式，

---

① 《续汉书·舆服志》记高山冠，“胡广说曰：高山冠，盖齐王冠也。秦灭齐，以其君冠赐近臣谒者服之”。徐广说同。

② 《史记》卷九七《郦生陆贾列传》记，郦生见刘邦时“冠侧注”，“侧注”即高山冠。而当时郦生只是里监门吏，自称为“高阳贱民”。

③ 《淮南子·主术》：“赵武灵王贝带、鵔鸃而朝，赵国化之。”见张双棣：《淮南子校释》，北京大学出版社1997年版，第986页。按，《续汉志》“谓之赵惠文冠”之后，刘昭注谓“又名鵔鸃冠”。这就把赵武灵王戴鵔鸃冠之事，与其在武冠上加貂尾之事，混为一谈了。

④ 《说文解字》卷四上：“秦汉之初，侍中冠鵔鸃。”中华书局1963年版，第82页。《史记》卷一二五《佞幸传》：“孝惠时，郎中皆冠鵔鸃、贝带。”“贝带”应作“具带”，参看王国维《观堂集林》卷二二《史林十四·胡服考》，《王国维先生全集初编》，台湾大通书局1976年版，第3册第1069页；河北教育出版社2003年版，第529页。

发生了决定性变动。秦始皇看到列国王冠居然戴到了自己近臣脑袋上，想必是扬扬得意。而列国之冠由此被割断了旧日的服用之法，变成某些特定职官的服饰，从此开始了全新的发展历程。在此我们又看到了新的冠服体制的“创建”。概而言之，秦汉冠服体制兴起，是一个“断裂”和“创建”的过程。进而还要特别提请读者注意，秦始皇“锡百官”做法，“职事分类”的色彩特别浓，即，是按官职的类别赐冠、让某类官僚戴某冠的，而不是让某一等级的官僚戴某冠。

汉初礼制极为简陋：“高帝悉去秦苛仪法，为简易。群臣饮酒争功，醉或妄呼，拔剑击柱。”[①]“周礼”传统荡然无存了。此后有叔孙通制礼仪，长冠系楚冠，乃刘邦早年所好，后由平民之冠变成了“尊贵之至”的宗庙礼冠；樊哙冠因樊哙而得名，而那樊哙原先只是个杀狗的。长冠、樊哙冠由微而显、平步青云，显示了楚汉间确实是“天地间一大变局”，是个“布衣皇帝”“布衣将相”的时代。诸冠多系新起，又各有来源，那么不难想象，它们在相当一段时间中，是保持了其原形原貌的。统治者一时还来不及按政治需要改造之，尚未对冠服细节精心推敲排比，以造成后世那种繁密等级。《续汉志》的叙述给人的“原生态”之感，可以拿“自然差异”做部分解释。

汉朝的文官戴进贤冠。进贤冠的来历不怎么清晰。《后汉书·舆服志》说它是“古缁布冠也，文儒者之服也”，似不可

① 《史记》卷九九《叔孙通传》。

信。春秋礼帽、居冠礼“三加之一”的缁布冠是黑麻布做的[①]，其形制与进贤冠并不相类。还是蔡邕《独断》的说法比较可靠：“进贤冠……汉制，礼无文。”[②]进贤冠跟缁布冠不会有沿承关系，而是新起的。学者指出，河南三门峡与河北平山出土的铜人灯座及若干秦俑所戴之冠，都可以看成是进贤冠的先型[③]。一方面礼书中看不到进贤冠的痕迹，另一方面在汉朝连卑微的小史都戴进贤冠，则其最初不可能是高贵的礼冠，也不会是“文儒者之服”，只能是普通人束发的东西。吏是“庶人之在官者”，也许吏的冠形比庶人大，以示吏民有别；冠形大了，则其梁数就会多起来。汉代进贤冠，确实是有小冠、大冠之别的，“小冠”在试用期间使用[④]。其实高山冠、远游冠、通天冠，可能都由进贤冠的冠形加大而来。“进贤冠”那名字也不会是最初就有的，应是它成为官服之后，汉朝什么人给它新起的嘉名。从小史到丞相都用进贤冠，后来冠下加介帻，

---

① 可参看杨宽：《冠礼新探》，收入《古史新探》，中华书局 1965 年版，第 248 页；《西周史》，上海人民出版社 2003 年版，第 782 页。

② 蔡邕：《独断》卷下，上海古籍出版社 1990 年版，第 19 页。

③ 参看孙机：《进贤冠与武弁大冠》，收入《中国古舆服论丛》（增订本），文物出版社 2001 年版，第 163 页。

④ 《汉旧仪》：“选能治剧长安、三辅令，取治剧。皆试守，小冠，满岁为真，以次迁，奉引则大冠”；县令长丞尉“皆大冠。亡新令长为宰，皆小冠，号曰夫子。”周天游：《汉官六种》，中华书局 1990 年版，第 68、82 页。令长之“大冠”，当然只能是进贤冠，所以我认为，这里的“小冠”也是进贤冠，但冠形较小，用于试守者。又《汉书》卷六八《霍光传》，霍光死后汉宣帝裁抑霍氏：“更以（霍）禹为大司马，冠小冠，亡印绶”。霍禹为大司马而无印绶，令其用“小冠”也是贬抑之意。《续汉书·舆服志下》刘昭注引《古今注》：“建武十三年，初令令长皆小冠。”又通天冠、高山冠、远游冠，都属梁冠系列，但冠形较大。其时习惯用冠之大小，区分冠之等级高低。

仍是“上下群臣贵贱皆服之”[1]。这“贵贱皆服之”告诉我们，汉代官僚政治的身份性较弱，流动性较强。

汉朝的军人和武官戴武弁。这武弁，很容易被与礼书中的“皮弁”联系起来。但用作礼帽、居冠礼“三加”之一的皮弁，是白鹿皮做的；秦汉武冠却是漆纱做的，来自实用军帽[2]。王国维说汉代的武弁“疑或用周世之弁”[3]，而我们觉得，武弁与礼书所记载礼帽“皮弁”，也没有直接的源流关系。总之，进贤冠与武弁都有非常实用的来源，它们分别成为文官与武官之冠，乃是战国秦汉文武分途的直接结果，是文吏和军吏两个新兴群体由微而显、成长壮大的结果。

汉代冠服中的分等元素，主要就是进贤冠的一梁、二梁、三梁[4]，由此造成了“级别分等”。这一梁、二梁、三梁的“三

---

① 《续汉书·舆服志下》。

② 亦参孙机：《中国古舆服论丛》，文物出版社 2001 年版，第 169 页。

③ 王国维：《观堂集林》卷二二《史林十四·胡服考》。

④ 此外东汉天子可能使用五梁冠。《后汉书》卷三八《法雄传》：“永初三年，海贼张伯路……冠五梁冠，佩印绶。”李贤注云：“《汉官仪》曰：‘诸侯冠进贤三梁，卿大夫、尚书、二千石冠两梁，千石以下至小吏冠一梁。’无五梁制者也。”后汉官僚不用五梁冠，那么张伯路的五梁冠何所取法呢？我们推测是取法天子，因为晋南北朝天子有五梁进贤冠、五梁远游冠，参看《晋书》卷二五《舆服志》、《宋书》卷一八《礼志五》、《隋书》卷一一《礼仪志六》；及《太平御览》卷六八五《服章部二》引徐广《舆服杂注》，中华书局 1984 年版，第 3056 页。晋南北朝天子所用五梁冠，可能是上承东汉的。又，有学者曾指汉代画像中有五梁冠。如朱锡禄先生称，武梁祠后壁画像上的梁高行、楚昭贞姜及双层楼房中的两个人，所戴都为五梁冠。见其《武氏祠汉画像石》，山东美术出版社 1986 年版，图七、图八，及第 107—108 页说明。这些人都是女性，细审其图，朱先生所云“五梁”实为花钗，并非梁冠。在朱先生的《武氏祠汉画像石中的故事》（山东美术出版社 1996 年版，第 32 页）一书中，已改称“梁高行头戴首饰”、楚昭贞姜“戴花冠”了。

分法”，显然是比较粗略的。这是就两点而言的。首先是分等之粗略，比如明清补服分为九等，密度就高了三倍。其次用来分等的服饰元素之粗略，只有冠梁而已。唐宋明清的冠服上，就有众多服饰元素体现等级差别。秦汉天子服通天冠，诸王服远游冠。高山冠与通天冠、远游冠样子差不多少，属于一个系列。天子也服高山冠[①]，谒者、仆射、太子洗马也服高山冠，跟天子差不多少。后来魏明帝非把高山冠的样子改了不可，就是因为它跟通天冠相似，造成了君臣无别。又，巧士冠也很像高山冠，只不过高山冠高九寸，而巧士冠或高七寸、或高五寸而已，七寸的黄门从官服，五寸的扫除从官服。[②] 就是说皇帝身边有一群从官，他们的冠服乍看上去跟皇帝很相似。官服上的佩玉、印绶也有等级。但总的说来，在充分利用服饰元素以区分等级上，汉廷的做法还是“前修未密”，远不像后代王朝那样“后出转精”了。

秦汉冠服体现了一种“不同冠服用于不同事务或人群”的精神。如宗庙祭祀，用长冠；辟雍大射，公卿、诸侯、大夫用委貌冠，执事者冠皮弁；祠天地五郊明堂，云翘舞乐人服爵

---

① 阮谌《三礼图》：“通天冠，一曰高山冠，上之所服。”《太平御览》六八五《服章部二》引，中华书局 1984 年版，第 3 册第 3056 页上栏。又《续汉书·舆服志》注引卫宏《汉旧仪》：“乘舆冠高山冠，飞月之缨，帻耳赤，丹纨里衣，带七尺斩蛇剑，履虎尾絇履。”刘昭注：“案此则亦通于天子。”

② 《续汉书·舆服志下》：“巧士冠，[前]高七寸，要后相通，直竖。不常服，唯郊天，黄门从官四人冠之。”蔡邕《独断》卷下：“巧士冠，其官似高山冠而小。……巧士冠高五寸，要后相通，扫除从官服之。”上海古籍出版社 1990 年版，第 18—19 页。

弁；天地、五郊、明堂之礼，育命舞乐人服建华冠；祠宗庙、大予、八佾、四时五行，乐人服方山冠；郊天，宦官黄门四人服巧士冠；等等。“职事分类”的色彩，显然是很浓重的。文官用进贤冠、服黑，武官用武冠、服赤，也是“职事分类”的重要体现之一。这是战国以来官制“文武分途”的直接结果。学者有时会为汉代某官是文职还是武职而费神辨析，其实这时候不妨去看看冠服，那就一目了然了。“职事分类”方面的安排，又如法官专有其服，侍御史、廷尉正监平等服法冠；又如宫殿门吏仆射服却非冠，卫士服却敌冠，司马殿门大难卫士（大难即大傩）服樊哙冠；等等。秦汉时的侍从及郎官，属于一个特殊职类，初称“宦皇帝者”[①]，后来叫“郎从官”。侍从如侍中、中常侍，以武冠加金珰、附蝉、貂尾；五官、左右、虎贲、羽林五中郎将、羽林左右监及虎贲、武骑，皆服鹖冠；郎官服鵔鸃冠。侍中、郎官的鹖冠、鵔鸃冠，本属武冠服类；但武官服赤，郎从官却是服黑的。[②] 宿卫的郎官服黑，源于先秦传统，先秦的宿卫士官被称为“黑衣之数”。那么帝国早期“宦皇帝者”职类的特殊性，在冠服上也体现出来了。

不同职事承担者用不同冠服，也就是“因职而冠”。《续汉

---

① 拙作：《论张家山汉简〈二年律令〉中的“宦皇帝”》，《中国史研究》2003 年第 3 期。

② 《汉书》卷八八《儒林传》：“（任）章为公车丞，亡在渭城界中，夜玄服入庙，居郎间，执戟立庙门，待上至，欲为逆。发觉，伏诛。”颜师古注：“郎皆皂衣，故章玄服以厕也。”是说郎官玄服即皂衣。同书卷九九下《王莽传下》：“其令郎、从官皆衣绛。”新莽时郎从官改服绛衣，恰好反证郎从官此前是服黑的。

书·舆服志下》:“安帝立皇太子,太子谒高祖庙、世祖庙,门大夫从,冠两梁进贤;洗马冠高山。罢庙,侍御史任方奏请非乘从时,皆冠一梁,不宜以为常服。事下有司。尚书陈忠奏:‘门大夫职如谏大夫,洗马职如谒者,故皆服其服,先帝之旧也。方言可寝。’奏可。”任方认为,“非乘从时”即非陪同太子之时,门大夫、洗马应该冠一梁冠,这是从分等角度立议的;而陈忠所谓“皆服其服”,却不是从等级,而是从职类着眼的。从职类说,“门大夫职如谏大夫”,门大夫的职能比拟谏大夫,所以应该冠进贤两梁冠;“洗马职如谒者”,洗马的职能比拟谒者,所以应该冠高山冠;而且不管乘从与否,各种场合中“皆服其服”。皇帝采纳了陈忠的意见,因为时人观念中,冠服在更大程度上跟职类相关,应依职类而定。

杂色人等各有其服,后世也是如此,甚至更严更繁了;但杂服在冠服体制中的分量,或说冠服主体部分的重心所在,各代却不相同。我们所关注的,就是这个东西。在《续汉书·舆服志》中,杂色人等的冠服,首先是作为“冠”之一种而与其余诸冠并列的,然后再叙服,再叙服冠之事和服冠之人;而那些事、那些人,有些在后世看来是较为微末的,如服却非冠的宫殿门吏仆射,服樊哙冠的司马殿门大难卫士;然而却非冠、樊哙冠也是冠之一种,所以就堂而皇之地跟进贤冠、獬豸冠、高山冠什么的比肩并列在一起了。后代统治者采用的却是不同办法,那些杂色人等的冠服,是与品官分叙的。

观念的不同，在这里就显现出来了：“以冠为纲”的做法，体现古老的“重冠”观念，又较多照顾到了冠本身的差异，即“自然差异”；后代那种办法，则令冠服体制严格服从官僚等级体制。

若与历朝相比，秦汉冠服体制的特点，就是相对较强的“自然分类”和“职事分类”。其所提供的分类信息，多于分等信息；其分类色彩强于周朝，但分等功能弱于周朝。究其原因，可以从战国秦汉间贵族传统的历史断裂，秦汉帝国重事不重人，其品位结构相对松散、一体化程度不高等方面得到解释。

周朝的贵族官员，带着他们的传统服饰冕服、玄冠、皮弁之类，退出了政治舞台的中心；一大批新式冠服在战国秦汉涌现，在这背后，是一批批新兴人员和新兴职事拔地而起。那些因官僚政治发展而繁密起来的职事，对帝国行政来说，至关重要而不容马虎；而那些人员的个人荣耀与服饰尊卑，帝国统治者一时还操心不多。好比一个矿主雇了一群劳工，那么劳工间的谁贵谁贱他是不关心的，随他们穿什么好了，卖力干活就成。秦汉皇帝似乎没有太强的迫切感，觉得必须去精细区分官场尊卑、确保高官荣耀体面，对不同职位做纵向大排队，并以严整繁密的等级服饰体现之。在此他们所感受到的压力，或不如后世之大。秦汉帝国的政治精神就是“以吏治天下”，秦汉官阶的特点就是“重事不重人”，具有浓厚的

“职位分等”性质[1]，其所给予官僚的品位特权远不如前朝后世；汉代冠服体制之所以分类功能相对较强，分等功能相对较弱，就生发在这个历史背景之中。

在帝国初期，在新式吏员刚刚登上政治舞台时，他们还没立即发展为一个充分意义上的官僚阶级。但随着历史演进，情况就不同了。官僚阶级在神州大地扎下根，官僚等级与官场尊卑日益细密严明，王朝变成了一个精巧宏伟的等级金字塔。这时候的冠服体制就不一样了。明代的朝服高度“一元化”了，不论文官、武官还是法官，一律梁冠，赤罗衣、赤罗裳，然后再用九等梁冠区分高低。汉代文官、武官、法官、“宦皇帝者”等各穿各的。不同职类用不同冠服，你穿你的，我穿我的，这就不利于彼此做高下比较；让不同职类用同一冠服，才可能强化“级别分等”，进一步利用服饰的细部去区分尊卑。冠服体制上“分类”较重而“分等”较轻，其实是汉代品位结构尚较松散、一体化程度不高的反映。“吏”者“事”也，“以吏治天下”就是以“职”为重、以“事”为重。各项职事都有人在干着，皇帝就心满意足了；至于那些人的服饰各异，缺乏一元化的可比性，皇帝的脑袋里没多想这个事情，用梁数大致把官员分为三大段落，就可以了。相应地，“自然分类”和“职事分类”的结合，就成了秦汉冠服有别于前朝后代的最大特色。

---

① 参看拙作：《品位与职位：秦汉魏晋南北朝官阶制度研究》，中华书局 2002 年版，第一、四章。

四、汉唐之间：场合分等与级别分等的强化

若拿《续汉书·舆服志》中对汉廷冠服的叙述，比较战国秦汉礼书中的冠服叙述的话，人们就会看到，后者对等级元素的编排，如冕服的章旒、衣服的尺寸、饰物的种类等，其细密入微往往还要超过汉廷的实用冠服。这反映了早期中华文明中，已蕴含着对冠服做繁密等级安排的强大动力了。战国秦汉社会巨变所造成冠服体制的“断裂”，只是一时之事。魏晋以下王朝冠服的变化趋势，是渐趋一元化，强化等级性，冠服体制的结构性特征向“级别分等”和“场合分等”偏转，服饰上的等级元素由疏而繁。

魏明帝因高山冠与通天冠、远游冠样子太像了，就把它“毁变”为进贤冠的样子①；他还不准公卿的冕服使用黼黻纹样，以免“拟于至尊”②，君臣无别。魏晋南北朝的各朝虽然沿用了很多汉式的冠类，但变化也在不断发生着。北齐的五品以上命妇，“以钿数花钗多少为品秩”，一品九钿、二品七钿、

① 傅玄《傅子》：“高山似通天、远游，乃毁变先形，令行人、使者服之。”《太平御览》卷六八五《服章部二》引，中华书局 1984 年版，第 3 册第 3057 页。又《宋书》卷一八《礼志五》：“谒者高山冠，本齐服也。一名侧注冠。秦灭齐，以其君冠赐谒者。魏明帝以其形似通天、远游，乃毁变之。”其事又见《隋书》卷一二《礼仪志七》。

② 《宋书》卷一八《礼志五》：“魏明帝……以公卿衮衣黼黻之文，拟于至尊，复损略之”。其事又见《晋书》卷二五《舆服志》，及傅玄《傅子》，《太平御览》卷六八五、六九〇引，中华书局 1985 年版，第 3 册第 3080 页。

三品五钿、四品三钿、五品一钿。[①] 官僚家属的服饰，也严格以官品为准，远比汉代细密了。北周利用《周礼》六冕之制大复古，制造了一个极复杂的冕服等级。兹依《隋书》卷十一《礼仪志六》，制表如下：

北周冕服等级

皇帝十二服	苍衣苍冕　青衣青冕　朱衣朱冕　黄衣黄冕　素衣素冕　玄衣玄冕 象衣象冕十二章	衮冕九章	山冕八章	鷩冕七章			韦弁	皮弁	
诸公	方冕	衮冕九章	山冕八章	鷩冕七章	火冕六章	毳冕五章	韦弁	皮弁	玄冠
诸侯	方冕		山冕八章	鷩冕七章	火冕六章	毳冕五章	韦弁	皮弁	玄冠
诸伯	方冕			鷩冕七章	火冕六章	毳冕五章	韦弁	皮弁	玄冠
诸子	方冕				火冕六章	毳冕五章	韦弁	皮弁	玄冠
诸男	方冕					毳冕五章	韦弁	皮弁	玄冠
三公	祀冕	火冕六章	毳冕五章	藻冕四章	绣冕三章	爵弁	韦弁	皮弁	玄冠
三孤	祀冕		毳冕五章	藻冕四章	绣冕三章	爵弁	韦弁	皮弁	玄冠
六卿	祀冕			藻冕四章	绣冕三章	爵弁	韦弁	皮弁	玄冠
上大夫	祀冕				绣冕三章	爵弁	韦弁	皮弁	玄冠
中大夫	祀冕				绣冕三章	爵弁	韦弁		玄冠
下大夫	祀冕				绣冕三章		韦弁		玄冠
士	祀弁					爵弁			玄冠
庶士									玄冠

这个体制的森严繁密，为秦汉所未有，从而给人以强烈印象。它虽系一时之制，但也反映了一个宏观的趋势，即冠服越来越重分等而且日益一元化的趋势。其中的公、孤、卿、

① 《隋书》卷一一《礼仪志六》。

大夫、士等爵称，实际就是官品的翻版，它们与五等爵称组成了十多个冕服等级，远远超过了汉代进贤冠服的三段落。

隋朝开皇时期，沿用了汉以来的很多冠服，但隋炀帝的大业服制就发生了变化。“诸建华、鵔鸃、鹖冠、委貌、长冠、樊哙、却敌、巧士、术氏、却非等，前代所有，皆不采用。”①学者评论说：“官员依品级各有等差，废除了前代行用的建华、鵔鸃、鹖冠、委貌、长冠、樊哙、却敌、巧士、术氏、却非等许多烦琐的服饰。”②王朝的冠服是趋简了。獬豸冠是为了显示法职的特殊性，才被保留下来的；高山冠转而“梁依其品”，成了梁冠的变体和附庸。官员依官品而定冠服，与废除烦琐冠式冠类，这两点应该视为同一进程的两个方面。就官员主体部分而言，服类减少，“不同人穿不同冠服”做法淡化，“职事分类”的分量下降，而“级别分等”色彩相应浓厚起来；冠服开始一元化了，以官品为准而在同一种冠服上制造差异，成了冠服规划的主导思想。简言之，冠服的分等功能强化起来，分类功能相应淡化了。

唐朝的冠服分类似乎一度又趋繁了。《新唐书·车服志》称“群臣之服二十有一”③。不过细考其事，实不尽然。郊庙武

---

① 《隋书》卷一二《礼仪志七》。

② 吴玉贵：《中国风俗通史》(隋唐五代卷)，上海文艺出版社2001年版，第126页。

③ 《新唐书》卷二四《车服志》。即：1. 衮冕，2. 鷩冕，3. 毳冕，4. 絺冕，5. 玄冕，6. 平冕，7. 爵弁，8. 武弁，9. 弁服，10. 进贤冠，11. 远游冠，12. 法冠，13. 高山冠，14. 委貌冠，15. 却非冠，16. 平巾帻，17. 黑介帻，18. 介帻，19. 平巾绿帻，20. 具服，21. 从省服。

舞郎之平冕、文舞郎之委貌冠，监察司法官员之法冠，内侍省内谒者、亲王司阁、谒者的高山冠，亭长、门仆的却非冠仍被列入冠类[①]，但那只算是汉制残留下来的一个小小尾巴。前已强调，在叙述王朝冠服的“趋简”或“趋繁”之时，应把主体冠服和其他杂服分开来看，二者的变迁趋势并不一样。在官僚冠服的主体部分，总的趋势，仍是类别趋简而等级趋繁。进贤冠、高山冠、法冠等都属朝服；在官僚常服部分，法官、谒者就没有特殊服饰了。汉代的法官在各种场合都用法冠，而唐代法官大事用法冠，小事另用常服，同于其他文官[②]。

“级别分等”在唐朝高歌猛进，服饰上的等级元素不断繁衍，分等趋于细密高峻，服饰等级的调整范围不断扩张。南北朝的皇帝通天冠五梁，官僚三梁、两梁、一梁；唐朝官僚

---

① 1—7 种为祭服，除平冕为郊庙武舞郎之服外，其余可以合计。平巾帻与武弁应属一类，武官、卫官以平巾帻为“公事之服”，武官在朝参时再把武弁加于平巾帻上。又黑介帻与进贤冠也应属一类，文官朝参的进贤冠也是加于黑介帻上的。隋朝已是如此。《隋书》卷一二《礼仪志七》：“承远游、进贤者，施以簪导，谓之‘介帻’；承武弁者，施以笄导，谓之‘平巾’。”唐朝黑介帻又是视品官及学生之服。流外官的介帻乃黑介帻之属，炊事人员的平巾绿帻应是平巾帻之属。

② 王溥《唐会要》卷六一《御史台中》：“大事则豸冠、朱衣纁裳、白纱中单，以弹之；小事常服而已。”中华书局 1955 年版，第 1067 页。大事、小事，是就弹劾之事项重大与否而言的。

的梁数依旧，皇帝的通天冠却变成了二十四梁。[①] 始于北周的服色之制，在唐大行其道，官僚的弁服、袍服、袴褶等，三品以上紫，五品以上绯，七品以上绿，九品以上青。诸多服饰细部都依官品而定，如隋唐的弁服以玉琪为饰，一品九琪，二品八琪，三品七琪，四品六琪，五品五琪；又如唐朝官僚的腰带，一品二品銙以金，六品以上以犀，九品以上以银，庶人以铁；等等。唐以后王朝冠服上的等级元素之多，是远远超过秦汉的。而且服饰等级的调整范围也远过秦汉，比如说，汉王朝只规定到了官僚妻子的服饰，而唐以后，对官贵父母、妻子、儿女的衣帽饰物政府全都要管，不厌其烦地一一规定之，甚至规定到了袖子长度和衣裳的曳地尺寸上。[②] 秦汉的同类规定，远没有那么多、那么细。南北朝隋唐间，也

---

① 黄能馥、陈娟娟先生说："《旧唐书·舆服志》说通天冠有十二首，唐王泾《大唐郊祀录》卷三说十二首是天之大数，大概是应十二个月份的数字，也就是通天冠有十二根梁。《新唐书·车服志》说通天冠有二十四梁，这大概是晚唐时的制度。"见其《中国服装史》，中国旅游出版社 1995 年版，第 153 页；又其《中国文化通志·服饰志》，上海人民出版社 1998 年版，第 246 页；又其《中国服饰史》，上海人民出版社 2004 年版，第 248 页。朱和平也说十二首是十二梁，见其《中国服饰史稿》，中州古籍出版社 2001 年版，第 203 页。朱氏大约是承袭黄、陈之说。按《大唐郊祀录》卷三所云原作"通天冠，加金博山，附蝉十二首"，可见"十二首"指的是"附蝉"。只要看看下文皇太子"具服远游三梁冠，加金附蝉九首"，就知道梁数不同于"首"数了。参看《大唐开元礼附大唐郊祀录》，民族出版社 2000 年版，第 752 页。"首"犹今言"头"，"十二首"即十二头金附蝉，"九首"即九头金附蝉，与"梁"无关。

② 如《唐会要》卷三一《舆服上·杂录》唐文宗太和六年(832 年)六月礼部式："又袍袄衫等曳地不得长二寸已上，衣袖不得广一尺三寸已上。妇人制裙不得阔五幅已上，裙条曳地不得长三寸已上，襦袖等不得广一尺五寸已上。"中华书局 1955 年版，第 573 页。

不断有新兴的冠帽被纳入冠服体制，如幞头（折上巾）等，由此带来了新的“自然差异”；但繁杂的服饰等级规定，总体说是令唐代礼服远离了“原生态”，不同于汉朝那种“自然分类”了。

冠服的“级别分等”和一元化，还伴随着另一个演进，就是“场合分等”的强化。这种服装分等之法，是依活动的正规程度与典礼的庄重程度而定的。不同场合使用不同服饰，例如婚礼穿婚服、丧礼穿丧服，原是生活的常情，不必定导致“分等”。然而帝国等级制的发展，也体现在王朝各类活动的规格分等之上。与天地神灵相关的、与皇帝相关的、与大政相关的场合，其礼节就更隆重，其冠服的规格就规定得更高。你祭天地，你见皇帝，你就不能是衙门里的日常打扮。所以“场合分等”，是帝国等级制又一种体现方式。官僚品位结构趋于一元化，冠服体制趋于一元化；不同官职的异质性相应减小，冠服差异相应减小，那么官僚们在何种场合用何冠服的问题，即“场合分类”问题，就相对凸现出来了。由此形成了严整的“服等”制度。

汉代服制的“场合分等”，大概祭服比较突出一些。此外有一种“五时朝服”，与五郊祭祀相关①，也属祭服。其余各种

---

① 《续汉书·舆服志》：“迎气五郊，各如其色，从章服也。”说的就是“五时朝服”。又《宋书》卷一八《礼志五》：“汉制，祀事五郊，天子与执事所服各如方色；百官不执事者，自服常服以从。”那“各如方色”之服也是“五时朝服”。

场合，官僚一般固定穿着同样的冠服①。《续汉书·舆服志》："凡冠衣诸服，旒冕、长冠、委貌、皮弁、爵弁、建华、方山、巧士，衣裳文绣，赤舄，服絇履，大佩，皆为祭服，其余悉为常用朝服。"根据"其余悉为常用朝服"一句，可以认为东汉冠服只分"祭服""常服"两大类。而在北朝，按典礼与活动的隆重程度区分冠服规格的做法，逐渐成为惯例；"朝服""公服""常服"等概念日益明晰起来，并被隋唐发扬光大了。

本来在北齐，七品以上用具服，八品至流外四品以上用从省服，就是说其时具服与从省服的区别，仍只是一种"级别分等"。但随后事情发生了变化。隋文帝时规定，从五品以上，除了在陪祭、朝飨、拜表等"大事"的场合用朝服外，"自余公事，皆从公服"。这样，公服就成了从五品以上官品的另一套冠服，用于"自余公事"的场合。在隋炀帝时，朝服的使用范围由七品以上扩展到九品，成了所有品官的具服；从省服依然限于五品以上；同时随着朝服向整个品官队伍扩展，

① 《汉书》卷七八《萧望之传》张敞自言："敞备皂衣二十余年。"如淳注："虽有五时服，至朝皆着皂衣。"张敞说这话时官为京兆尹。他此前仕历：以乡有秩补太守卒史，察廉为甘泉仓长，稍迁太仆丞，擢为豫州刺史，宣帝征敞为太中大夫，与于定国并平尚书事。主兵车，复出为函谷关都尉，徙为山阳太守；拜胶东相，守京兆尹。那么他这些官职上大抵是服皂官服的。

流外官却被排除在朝服使用者之外了。[①] 到了唐代，从省服的范围也扩大到了九品官。这样，就形成了“具服”与“从省服”两个服等。变迁过程略如下图：

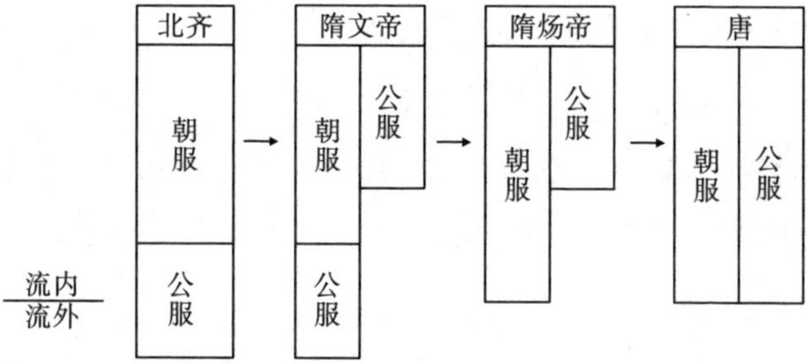

服等变迁

史家追叙隋朝冠服，引人注目地采用了“四等之制”概念，“四等”就是常服、公服、朝服、祭服。唐朝冠服明确实行“场合分等”，由此形成了“服等”制度。唐朝“服等”前后有变化，但大致说有五等，即祭服，朝服(具服)，公服(从省服)，“公事之服”，及燕服(常服)。祭祀大典，须用冕服；重要典礼如陪祭、朝飨、拜表等，文官用梁冠、绛纱单衣等组成的朝服；较低规格的典礼用公服，公服比朝服简化一些，武官用武弁

① 《隋书》卷一二《礼仪志七》：“其朝服，亦名具服。……自一品已下，五品已上，衣服尽同，而绶依其品。陪祭朝飨拜表，凡大事皆服之。六品、七品，绶。八品、九品，去白笔、内单，而用履代舄。其五品已上，一品已下，又有公服，亦名从省服。并乌皮履，去曲领、内单、白笔、蔽膝。”叶炜君分析说：“朝服和公服都发生了变化，其中朝服的范围从‘七品已上’之服，扩大到了八、九品流内官，‘八品、九品去白笔、内单，而用履代舄’，略有简化而已。公服则成为‘五品已上，一品已下’流内官除朝服外的另一套服装。”见其《从冠服制度看南北朝隋唐之际的官吏分途》，中国中古史中日学者联谊会论文，2007 年 8 月 25 日，第 5 页。

（此外朝参还曾用袴褶之服）；“公事之服”是日常办公之服，文官为弁服，武官为平巾帻；燕居休闲，用燕服。

两《唐志》叙群臣冠服，难免还拘泥于前史《舆服志》的“以冠统服”叙述模式。《新唐书》“群臣之服二十有一”的说法中，冠类和服等混在一起说，不伦不类；服饰史的研究者不察其非，往往直接袭用其说。[①] 但《唐六典》就没太受前史《舆服志》的干扰。其书卷四《尚书礼部》叙述群臣冠服，分两大段落，第一段依次叙祭服、朝服、公服、弁服与平巾帻、袴褶，这部分显然是直接以服等为纲的：

> 凡王公、第一品服衮冕……六品至九品服爵弁……
>
> 凡百官朝服，陪祭、朝会，大事则服之……
>
> 公服，朔望朝、谒见皇太子则服之……
>
> 弁服，［文官］寻常公事则服之……

① 例如“群臣之服二十一”的第十种是进贤冠，第十七种是黑介帻，这用的是冠类概念；最后两种是第二十种具服、第二十一种从省服，这用的又是服等概念了。而具服和从省服都使用进贤冠和黑介帻，所以《新唐志》的“群臣之服二十一”，从分类概念上看是交叉错乱的。附带说，黄能馥、陈娟娟先生说群臣之服二十二种，把“婚服”也加进去了，见其《中国服装史》，中国旅游出版社 1995 年版，第 148 页；或其《中国文化通志 · 服饰志》，上海人民出版社 1998 年版，第 228 页；或其《中国服饰史》，上海人民出版社 2004 年版，第 230 页。朱和平也说是二十二种，见其《中国服饰史稿》，中州古籍出版社 2001 年版，第 198 页。这大概也是承袭黄、陈之说。但这算法未必稳妥。若婚服要算上，丧服是不是也要算进去呢。而且婚服即冕服、爵弁、公服。《唐六典》卷四《尚书礼部》：“若职事官三品已上有公爵者，嫡子婚，听假絺冕；五品已上孙、九品已上子及五等爵婚，皆假以爵弁服；庶人婚，假以绛公服。”中华书局 1992 年版，第 117 页。那么婚服是在“群臣之服二十有一”之内的。

平巾帻之服，武官及卫官寻常公事则服之……

袴褶之服，朔望朝会则服之……

此后第二段叙述诸冠细节，如远游冠、进贤冠、武弁、平巾帻、法冠、高山冠、却非冠、进德冠等，那只相当于对服等的进一步说明。①

我们看到“以冠统服”的模式之外，以“服等”为纲叙述群臣冠服的模式，开始萌生，并逐渐占据主导了。服等制度以“场合差异”为本，其所强调的是规格不同，而不是职类之异。当官僚的服装依职类而异时，他会有一种观感和体验；而当官僚服装依场合而异时，他又是一种观感和体验。前者强化了不同职类的异类之感，即“你我各自从事不同工作”之感、“各干一行”之感；后一做法，却把感受与注意转到了活动规格上，大家全都是王朝官僚，感觉上是“我们共同参与某一活动”。“服等”之制，使冠服体制的重心向事务等级和活动规格偏转，那么也就疏远了职类的区分。

宋朝的冠服体制，上承隋唐的变化趋势，继续趋于“一元化”，继续强化“级别分等”和“场合分等”。宋朝的祭服仍使用冕服，朝服仍使用梁冠、朱衣朱裳。朝服的梁冠在宋初只分五梁、三梁、两梁三等，宋神宗元丰二年(1079 年)又分貂蝉

---

① 《唐六典》，中华书局 1992 年版，第 117 页以下。又同属卷二二《织染署令》是讲造冠的，故用“天子之冠”若干、“太子之冠”若干、“臣下之冠”若干的叙述模式。见《唐六典》卷四《尚书礼部》，中华书局 1992 年版，第 575 页以下。

笼巾七梁、七梁、六梁、五梁、四梁、三梁、二梁，共达七等，比汉代的三等之分细致得多了。

汉朝的文官与武官冠服不同，一用进贤冠，一用武弁大冠。唐朝的朝服仍有文武之分，文官戴进贤冠(即梁冠)、黑介帻，武官戴武弁、平巾帻。但唐朝的进贤冠与武弁，虽在概念上继承汉朝，但实际的形制已非汉旧，二者的外观差异小得多了；其余的服饰元素，也无大区别。那么，也等于文武官的冠服差异在缩小了。到了宋朝，文武官索性都用梁冠，只不过武官只用四梁、三梁、二梁冠而已。

宋朝的“常服”概念与唐不同，所谓“常服”相当于唐之“公事之服”，采用幞头，曲领大袖，但也没有文武之分。[①] 赘言之，宋朝的朝服、常服，都没有了文武之别(军人出征打仗穿甲胄，是另一回事)。“职事分类”进一步淡化了，同时等级区分却清晰而严明，公服依品级而有紫、朱、绿、青之别，各种饰物的等级区别依然细致入微。高山冠、却非冠、委貌冠基本退出了冠服体制[②]。御史台、大理寺、审刑院、刑部的官员虽然仍然戴法冠，然而那法冠也今非昔比了：“獬豸冠即进贤冠，其梁上刻木为獬豸角，碧粉涂之，梁数从本品。”[③]本来在唐朝，高山冠已“梁依其品”了，成了梁冠的变体；进而

---

① 参《宋史》卷一五二《舆服志四》、卷一五三《舆服志五》。

② 按，鼓吹令、丞之冠原称“袴褶冠”，宋徽宗宣和元年(1119 年)以礼制局议，“卤簿既除袴褶，冠名不当仍旧，请依旧记如《三礼图》‘委貌冠’制。”从之。见《宋史》卷一四八《仪卫志六》。所谓委貌冠，仅鼓吹令丞服之而已。

③ 《宋史》卷一五二《舆服志四》。

在宋朝，獬豸冠也被“梁冠化”了，被纳入了进贤冠的范畴，只是在梁冠上加装一个“獬豸角”而已。总之，宋朝的法官、军官与文官在服饰一体化的道路上，又迈进了很大一步。

明太祖定制，官僚祭服不用冕服，一品至九品都用梁冠，青罗衣、赤罗裳。朝服也用梁冠，赤罗衣、赤罗裳。公冠八梁，侯伯七梁，均加笼巾貂蝉；一品七梁、二品六梁、三品五梁、四品四梁、五品三梁、六七品二梁、八九品一梁。常朝公服，则使用乌纱帽与盘领右衽袍，一至四品绯，五至七品青，八九品绿。那么明朝无论祭服、朝服还是公服，都不分文武。所以《明史·舆服志》采用的是“文武官朝服”，“文武官公服”，“文武官分献陪祀，则服祭服”的叙法，“文武官”一并言之了。只有在乌纱帽、团领衫构成的常服上，以补服来分别文武，文用禽鸟，武用猛兽。清承其制。都御史、副都御史、给事中、监察御史、按察使的补服绣獬豸，算是法官使用特殊服饰之做法的一个残余。与此同时，冠服饰物的各种等级规定，依然细致而严明；服饰等级手段的调整范围，旁及官僚的父祖、伯叔、子弟、侄孙、母妻女以至女婿、子妇，下及庶民、工商、僧道；天底下的人穿什么、戴什么，政府都觉得有义务、有权力管，甚至管到了异族藩邦，对“外国君臣冠服”亦有专门条文。不赘述。

五、从“由服及人”到“由人及服”

前面说到了明政府对各色人等的服饰全面施加调整，那调整包括各种杂职人员。杂职人员使用特殊冠服的做法在历史前期已然，至此，相关规定就更细密了。仍以《明史》为例：

《明史》卷六六《舆服志二》：皇帝冠服，皇后冠服，皇妃、皇嫔及内命妇冠服，九嫔冠服，内命妇冠服，宫人冠服，皇太子冠服，皇太子妃冠服，亲王冠服，亲王妃冠服，公主冠服，亲王世子冠服，世子妃冠服，郡王冠服，郡王妃冠服，郡王长子冠服，郡主冠服，郡王长子夫人冠服，镇国将军冠服，镇国将军夫人冠服，辅国将军冠服，辅国将军夫人冠服，奉国将军冠服，奉国将军淑人冠服，镇国中尉冠服，镇国中尉恭人冠服，辅国中尉冠服，辅国中尉宜人冠服，奉国中尉冠服，奉国中尉安人冠服，县主冠服，郡君冠服，县君冠服，乡君冠服。

《明史》卷六七《舆服志三》：众臣冠服，仪宾冠服，状元及诸进士冠服，儒士、生员、监生巾服，庶人冠服，士庶妻冠服，协律郎、乐舞生冠服，朝会大乐九奏歌工巾衫，宫中女乐冠服，教坊司冠服，王府乐工冠服，军士服，卫军士、力士服，皂隶公人冠服，外国君臣冠服，僧道服。①

---

① 《大明会典》的叙述模式与之类同。参看其卷六〇《冠服一》的子目和卷六一《冠服二》的子目。

比较《续汉书·舆服志》等汉朝冠服文献的叙述模式，我们觉得有两点值得阐述。

第一点，是冠服体制上官僚主体部分与杂色人等的分离问题。暂不考虑皇帝和皇族，明朝廷对各种人员的冠服的细密规定，是否与前文所揭“一元化”相悖呢？我们已指出，“冠服体制”是就官僚主体而言的，是就冠服体制的分类分等重心而言的。而上述杂职人等大抵地位较低，所以那不但不妨碍本节论断，反而可以强化它。因为官僚等级制的一般规律是：级别越高，越倾向品位分等；级别越低，越倾向职位分等。品位分等是“以人为中心”的，倾向于“身份管理”，它更利于保障官僚权益、荣耀和身份；而职位分等是“以事为中心”的，倾向于“岗位管理”，它更能提高效率、强化责任和保证同工同酬。唐及宋前期，在流外官的等级管理上使用流外九品，宋以后流外胥吏连“品”也没有了，泛称“流外”而已。胥吏只根据职事挣钱吃饭。所以令杂职事的承担者各有其服，实行“职事分类”的服饰制度，反过来倒旁证了汉代冠服的那种浓厚的“职事分类”色彩，与帝国统治者“以吏治天下”的政治精神，是息息相通的。

随官僚等级制的发展，隋唐间出现了“官、吏分途”的重大变化，这变化也反映在冠服体制上了。汉代的进贤冠，从公侯到小史、私学弟子皆服之，这体现了一种“上下相通”的精神，与汉朝“官、吏不分途”的体制是一致的。但从魏晋南北朝到隋唐，事情逐渐变了。叶炜君对此有很好的揭示。据其所述，南北朝官品出现了流内流外之分，并被隋唐继承下去，冠服体制也随之发生着变化。唐朝的冠服体制，从“冠”说，品官之冠“不通于下”了，流内文官所用进贤冠，流外胥吏不能戴了；流内武官所用武冠，流外胥吏不能戴了。从“服”说，流内品官所穿朝服、公服，流外胥吏不能穿了，他们另穿“绛公服”“绛褠衣”。叶炜认为，南北朝的流内外划分，具有强烈的身份意味，含有“士庶”之分、“君子小人”之分的意味；而唐代的流内外制度则已向官僚政治回归，主要是以职位为本的了。[①] 但我们也看到，在冠服方面，若与汉朝进贤冠的“上下相通”相比，隋唐品官、胥吏各服其服、两不相混，仍给流内外制度投下了身份性的阴影：假如流内外仅仅是一种行政等级的话，就不必以服饰区别之，不必导致生活方式的差异。官僚主体部分的冠服与“流外”一刀两断了，汉代进贤冠“上下群臣贵贱皆服之”的情况成为陈迹。

第二点，唐以后的《舆服志》之类文献，对杂职人员的冠服叙述，已与《续汉志》不同了，因为它是“以人为纲，由人及服”的，而《续汉志》的叙述模式却是“以冠统服，由服及人”的。两种叙述模式间存在着重大差异。示意如下：

---

① 参看叶炜：《从冠服体制看南北朝隋唐之际的官吏分途》，北京大学中国古代史研究中心“中国中古史中日青年学者联谊会”论文，2007 年 8 月 26 日；《论南北朝隋唐之际“流外”性质的变迁》，《中国史研究》2004 年第 3 期。

两种叙述模式的差异

某冠，某服，某人……	某人，某服，某服……
某冠，某服，某人……	某人，某服，某服……
某冠，某服，某人……	某人，某服，某服……
某冠，某服，某人……	某人，某服，某服……
汉：“以冠统服，由服及人”	明：“以人为纲，由人及服”

用“由人而服”模式，必然造成同类冠服的重复叙述。比如皇帝、皇太子、亲王各有冕服、皮弁、常服等等，在这时候，立法者不避重复，一一叙于其人之下，即如：皇帝，冕服、皮弁、常服；皇太子，冕服、皮弁、常服；亲王，冕服、皮弁、常服；余类推。

“由服及人”与“由人及服”两种模式的变化背后，是什么呢？我们认为，“由服及人”仅仅依据于冠服的“自然差异”，是一种比较原始的做法，这时候作者和读者的注意力首先聚焦在“冠”本身的差异；“由人及服”则把视线引导到了“人”的身上，“人”就是王朝统治者、王朝的各色官贵和各色臣隶，他们的地位、权势和职能呈现为一个等级金字塔。简言之，“人”的背后是帝国品位结构。在“由人及服”模式下，“人”的等级安排鲜明起来了。叙述模式是冠服体制的一个侧面。帝国冠服的等级性强化，也体现在“由服及人”向“由人及服”的叙述模式的转换上。

叙述至此，我们来做一个总结。本文围绕“冠服体制”概念，运用“自然分类”“职事分类”“场合分等”“级别分等”各项指标，以及“以服为纲”抑或“以人为纲”的视角，考察王朝冠服在周朝、汉朝与魏晋以下的变迁轨迹，考察其分等分类功能及其与官僚等级制的配合。考察的结果大致如下：

第一，周朝冠服体制的特点，可以概括为“自然分类”和“级别分等”的结合；汉代冠服体制的特点，则是“自然分类”和“职事分类”相对突出，其时冠服的分类功能强于前朝后世，其分等功能弱于前朝后世；魏晋以降，冠服体制的重心向“级别分等”和“场合分等”明显偏转。

第二，魏晋以降，服饰元素的等级日趋繁密，等级服饰的适用范围不断扩张。就是说越到历史后期，冠服的分等功能越强大。

第三，《续汉志》简单罗列各种冠，再把“服”附之于后，再叙其穿着之人、所务之事。这是一种“以冠统服，由服及人”的叙述模式。在汉以后，冠服叙述模式逐渐向“由人及服”变迁，即先罗列人员的等级类别，再叙其服。这意味着帝国冠服体制，已全面从属、服务于帝国等级体制了。

以往对传统冠服“等级性不断强化”的论述比较笼统，而我们利用若干概念工具，给出了一个更精细的叙述，并揭示出了其间的更多曲折。秦汉冠服体制的“自然分类”和“职事分类”相对突出，服饰元素的等级性相对较弱，叙述冠服时采用“由服及人”的模式，乃是帝国体制尚处草创，其时品位结构还相对松散，其一元性、精巧性和内部整合程度还不如后世的反映。此后两千年中，中国官僚等级日益森严，纵向的品级之别日趋细密严明，体制内部高度整合，成为一座一元化的金字塔。尽量让所有官僚在同一阶梯上排纵队，统一分出高下尊卑来，已成为时代的需要。冠服体制的各种变迁，就顺应了那个需要。

（原刊《史学月刊》2008 年第 2 期）

隋朝冠服“四等之制”辨——兼论唐朝服等

《旧唐书》卷四五《舆服志》追叙隋朝冠服体制时，说隋朝“衣裳有常服、公服、朝服、祭服四等之制”。这种常服、公服、朝服、祭服的“四等之制”，可以称为“服等”制度。所谓“服等”，就是依活动规格和典礼的庄重程度，把不同场合使用的冠服分为不同等级，由此形成一种表述冠服等级的概念。汉晋史籍在叙述群臣冠服时，大多采用“以冠统服”模式，即先叙冠，再叙服，再叙述使用此冠此服的其人其事，这种叙述模式体现了历史早期的冠服体制观念。唐以后的相关史籍叙群臣冠服，就转以“服等”为纲了。

隋唐间“服等”制度的逐渐成熟，意味着王朝冠服体制发生了一些结构性变化。不过对《旧唐书·舆服志》(以下简称《旧唐志》)所记隋朝“四等之制”本身，还存在着一些疑点。连类及之，唐朝的服等该怎么看，它到底分多少等、如何分等，以往说法也有一些含糊的地方。本文目的就是对相关疑点进行考辨，以便使“服等”的讨论，能建立在较为坚实的基础之上。

先把《旧唐志》所载“四等之制”节略如下：

> 衣裳有常服、公服、朝服、祭服四等之制。
>
> 平巾帻，牛角簟簪，紫衫，白袍，靴，起梁带。五品已上，金玉钿饰，用犀为簪。是为常服，武官尽服之。六品已下，衫以绯。
>
> 弁冠，朱衣素裳，革带[①]，乌皮履，是为公服。其弁通用乌漆纱为之，象牙为簪导。五品已上，亦以鹿胎为弁，犀为簪导者。加玉琪之饰，一品九琪，二品八琪，三品七琪，四品六琪。三品兼有纷、鞶囊，佩于革带之后，上加玉佩一。鞶囊，二品以上金缕，三品以上银缕，五品以上彩缕，文官寻常入内及在本司常服之。
>
> 三师三公、太子三师三少、尚书秘书二省、九寺、四监、太子三寺、诸郡县关市、亲王文学、藩王嗣王、公侯，进贤冠。三品以上三梁，五品以上两梁，犀簪导。九品以上一梁，牛角簪导。门下、内书、殿内三

---

① “朱衣素裳，革带”，中华书局标点本作“朱衣裳，素革带”。孙机先生断作“朱衣、裳素、革带。”见其《两唐书舆(车)服志校释稿》，收入《中国古舆服论丛》(增订本)，文物出版社2001年版，第348页。按“裳素”当作“素裳”。查《旧唐志》后叙皇帝和皇太子弁服，皆作“绛纱衣，素裳，革带”；《新唐书》卷二四《车服志》叙群臣弁服，亦作“朱衣素裳，革带”。知“朱衣素裳，革带”为是。又叶炜君提示，“素革带”还是有的，《隋书》卷一一《礼仪志六》叙陈朝皇太子朝服，有“素革带”；叙诸王朝服，有“素带”。

省，诸卫府，长秋监，太子左右庶子、内坊、诸率，宫门内坊，亲王府都尉，府镇防戍九品以上，散官一品已下，武弁，帻。侍中、中书令，加貂蝉，佩紫绶。散官者，白笔。御史、司隶二台，法冠。一名獬豸冠。谒者、台大夫以下，高山冠。并绛纱单衣，白纱内单，皂领、褾、襈、裾，白练裙襦，绛蔽膝，革带，金饰钩艓，方心曲领，绅带，玉镖金饰剑，亦通用金镖，山玄玉佩，绶，袜，乌皮舄。是为朝服。……

玄衣纁裳冕而旒者，是为祭服。

《旧唐志》对隋朝"四等之制"的概括简洁明快。若直接袭用这"四等"来叙述隋朝官僚服饰，对学者确实是很便利的。然而《旧唐志》对常服、公服、朝服、祭服的表述，稳妥无误吗？我们看到，有些学者径用其说，却在叙述隋唐服等时出现了混乱。比如王宇清先生论隋朝冠服，先依《旧唐志》把弁冠称为"公服"、把平巾帻称为"武官常服"；随后叙唐朝服类，依然把皮弁称为"文官九品以上通用之公服"；可是后文王先生又说，具服亦名朝服、从省服亦名公服。[①] 那么"公服"到底指皮弁呢，还是指从省服呢？显然自相矛盾了。而且这个矛盾，明明是由《旧唐志》"四等之制"引起的。孙机先生对《旧唐志》"四等之制"的某些说法提出了批评，但他的相关意见本身也不无可议之处（详后）。

① 王宇清：《中国服装史纲》，中国台湾中华大典编印会1967年版，第188—191页。

进而在唐朝的服等概念的使用上也存在混乱。比如沈从文先生说，唐朝官贵“至于平居生活，公服、便服都比较简单，一律穿圆领服”。[①] 然而就作为特定服等的“公服”概念而言，那并不是圆领服，而是绛纱单衣、白裙襦。曾慧洁先生有言：唐朝“朝臣官吏的常服和朝服基本相同，只是一品至五品在佩带上用纷鞶，不用绶和剑”[②]。但他所说的“常服”，其实应是公服。许南亭、曾晓明先生叙述道：“武德令把衣服分为祭服、朝服（也叫具服）、公服（也叫从省服）、常服（也叫燕服）。”[③]然而唐朝只有祭服、朝服、公服、常服这四个服等吗？恐怕也不是的。

在隋之前，虽有祭服、朝服、公服、常服概念，不过还没被明确概括为“四等”，概念的含义也比较散漫。例如在南朝，祭服外的常用朝服也称“常服”。相对于祭服，皇帝的通天冠是日常所用的，也称“常服”。如《隋书》卷一一《礼仪志六》叙陈制：“通天冠……乘舆所常服。”“常服”的这种用法是从东汉来的。《续汉书·舆服志上》：“凡冠衣诸服，旒冕、长冠、委貌、皮弁、爵弁、建华、方山、巧士，衣裳文绣，赤舄，服絇履，大佩，皆为祭服，其余悉为常用朝服。唯长冠，诸王国谒者以为常朝服云。”所以《续汉志》说“通天冠……乘舆所常服”；而“巧士冠……不常服，唯郊天，黄门从官四人冠之”；

---

① 沈从文：《中国古代服饰研究》，上海书店 2002 年版，第 294 页。

② 曾慧洁编著：《中国历代服饰图典》，江苏美术出版社 2002 年版，第 67 页。

③ 许南亭、曾晓明：《中国服饰史话》，轻工业出版社 1989 年版，第 68 页。

“长冠”本是祭服，但王国谒者日常也有，是为“常朝服”。这个意义上的“常服”是很广义的。祭服以外，都可以看成常服。

北周“诸命秩之服，曰公服；其余常服，曰私衣”①，王朝冠服只分公服、常服两大类。由于北周搞冠服复古，恢复了《周礼》“六冕”制度，所以其“公服”特指冕服，是为“诸命秩之服”；至于北周“常服”，则是主要是来自胡服的幞头，圆领或交领缺骻袍，及靴②，大概也包括其他非公服的服装③。

---

① 《隋书》卷一一《礼仪志六》。

② 《隋书·礼仪志六》叙毕北周冕服，又云：“后令文武俱著常服，冠形如魏帢，无簪有缨。”那么其常服的冠应是“帢”一类东西，其形制类似魏晋幅巾，故称“魏帢”，但实为鲜卑突骑帽、乌纱帽、幞头一类东西。《隋书·礼仪志七》：“后周之时，咸著突骑帽，如今胡帽，垂裙覆带，盖索发之遗象也。又文帝项有瘤疾，不欲人见，每常著焉；相魏之时，著而谒帝。故后周一代，将为雅服，小朝公宴，咸许戴之。开皇初，高祖常著乌纱帽，自朝贵已下，至于冗吏，通著入朝。”又《周书》卷六《武帝纪下》建德六年(577 年)：“初服常冠。以皂纱为之，加簪而不施缨导，其制若今之折角巾也。”此事《资治通鉴》卷一七三陈太建十年(578 年)记作：“周主初服常冠，以皂纱全幅向后幞发，仍裁为四脚。”后世以此为幞头之始。孙机先生认为幞头起源于鲜卑风帽，见其《从幞头到头巾》，收入《中国古舆服论丛》(增订本)，文物出版社 2001 年版。周武帝的“常冠”与百官“常服”应是对应的，即用于同样场合；但皇帝的常冠“加簪而不施缨导”，百官“形如魏帢”的帽子则“无簪有缨”。《隋志》又记周武帝保定四年(564 年)：“百官始执笏，常服上焉。宇文护始命袍加下栏。”又知北周常服用“袍”，这“袍”应即鲜卑圆领或交领缺骻袍。《续高僧传》卷二五《感通上·释慧瑱传》：周建德六年(577 年)“忽见一人形长丈余，美须面，着纱帽，衣青袍，九环金带，吉莫靴。”《历代高僧传》，第 649 页中栏。孙机先生因云：“这套妆束正与北齐无别。北周称这种服式为常服。”见其《南北朝时期我国服制的变化》，《中国古舆服论丛》(增订本)，第 202 页。

③ 《周书》卷七《宣帝纪》：“诏天台侍卫之官，皆着五色及红紫绿衣，以杂色为缘，名曰品色衣。有大事，与公服间服之。”是公服之外还有品色衣，大概也属常服。《隋志》又云：“宣帝即位，受朝于路门，初服通天冠，绛纱袍。群臣皆服汉魏衣冠。”群臣所服之汉魏衣冠，应即进贤冠，与皇帝的通天冠用于同一场合。这套服装后来成为朝服。

北齐的服等概念与北周明显不同。北齐有朝服，又称具服，是七品以上之服，包括进贤冠、介帻、绛纱单衣及各种饰物；又有公服，亦名从省服，是八品以下至流外四品之服。公服的构成也是进贤冠、介帻、绛单衣，但其饰物比朝服减省了若干①，所以低一个服等。可见北齐“公服”与北周不是一个概念。此外，北齐也有与北周相类的帽、袍、靴。《旧唐书·舆服志》云：“至北齐，有长帽短靴，合袴袄子，朱紫玄黄，各任所好。虽谒见君上，出入省寺，若非元正大会，一切通用。高氏诸帝，常服绯袍。”孙机先生指出：“高氏诸帝所服之袍，其式样应即上述圆领缺骻袍，它是在旧式鲜卑外衣的基础上参照西域胡服改制而成。”②“长帽”就是鲜卑风帽或突骑帽，因为它的后垂部分很长，所以被叫作“长帽”③。《旧唐志》是在唐朝“燕服”部分追述北齐的“长帽短靴”之类的，那么北齐的“长帽短靴”及袍，从唐朝概念看来属于燕服。总的看来，北齐有祭服(冕服)、有朝服、有公服、有燕服，已略具“四等”之轮廓了。隋朝冠服的结构，就是上承北齐的④。

前引《旧唐志》所述隋朝“四等之制”，可以简略表述如下：

---

① 《隋书》卷一一《礼仪志六》。又，北齐流外五品至流外九品吏员，以绛褠衣为公服。

② 孙机：《南北朝时期我国服制的变化》，《中国古舆服论丛》(增订本)，文物出版社2001年版，第201页。

③ 《梁书》卷五四《诸夷河南王传》叙述慕容鲜卑的风俗，提到了“大头长裙帽”；《隋书·礼仪志七》有“胡帽垂裙覆带”之语。吕一飞先生认为，“裙”是风帽后垂的边沿，见其《胡族习俗与隋唐风韵》，书目文献出版社1994年版，第6页。

④ 但北齐祭服的旒章等级，上承北周而不用北齐之法，参看拙作：《北魏北齐的冕旒服章：经学背景与制度源流》，《中国史研究》2007年第3期。

常服：平巾帻、紫衫绯衫袍，武官服之；

公服：弁冠、朱衣素裳，文官寻常入内及在本司常服之；

朝服：文官之进贤冠，武官之武弁及帻（即平巾帻），法官之法冠，谒者、台大夫之高山冠。

祭服：冕服。

对其中“常服”概念，孙机先生提出了批评：“本节说平巾帻是‘武官尽服之’的‘常服’，良有语病。”因为《旧唐志》在“燕服，盖古之亵服也，今亦谓之常服”以下，叙北齐“长帽短靴”及袍，又叙隋朝的帽、袍、靴，所以孙先生认为隋朝的“常服”应为帽、袍、靴。孙先生还指出，“常服”有时只是泛称而已，并非专名。例如《隋书·炀帝纪》云“上常服皮弁”，孙先生认为那不过是说炀帝经常穿着皮弁而已。《隋书·何稠传》记何稠论弁服之语：“此古田猎之服也。今服以入朝，宜变其制。”孙先生因云：“可见这里说的弁服，实为文官入朝的朝服。《炀帝纪》以武官之平巾帻与文官之弁服并列，说明平巾帻应是武官的朝服。”①

不过孙机先生的说法，也带来了新的疑惑。孙先生把弁服说成是“朝服”，相应把武官的平巾帻也说成“朝服”，这跟

① 孙机：《两唐书舆（车）服志校释稿》，《中国古舆服论丛》（增订本），文物出版社2001年版，第343页。

他后文的说法矛盾了："公服亦名'从省服'，较朝服为简易。朝服亦名'具服'，是七品以上官员陪祭、朝飨、拜表等大事所服，其余公事均着公服。唐代以冠服为朝服，故以下冠服一等的弁服为公服。"[①]这地方孙先生又说弁服是公服了，显然是受了《旧唐志》"四等之制"中"弁冠……是为公服"之文的影响。可问题在于：弁服若是朝服(即具服)，就不会是较朝服为简的公服(即从省服)了。而且，隋朝的弁服是朝服或公服吗？我认为，弁服就是弁服，自成一等，既非朝服，也不是公服。《旧唐志》"弁冠……是为公服"说法是错误的，孙先生说弁服是"文官入朝的朝服"也不全妥当。至于《旧唐志》把隋朝的平巾帻称为"常服"，倒也不是无因而发，并不全误。

对平巾帻和弁服的服等和属性的误断，可能招致对隋唐服等制度的理解偏差。《旧唐志》对隋朝冠服只是简单追述，隋朝冠服的具体面貌，还得去看《隋书》卷一二《礼仪志七》。开皇初年隋廷规划冠服，"于是定令，采用东齐之法"。其所确定的朝服和公服，据载如下：

> 朝服，亦名具服。冠，帻，簪导，白笔，绛纱单衣，白纱内单，皂领、袖，皂襈，革带，钩觻，假带，曲领方心，绛纱蔽膝，袜，舄，绶，剑，佩。从五品已上，陪祭、朝飨、拜表，凡大事则服之。六

① 孙机：《两唐书舆(车)服志校释稿》，《中国古舆服论丛》(增订本)，文物出版社2001年版，第346页。

品已下，从七品已上，去剑、佩、绶，余并同。

自余公事，皆从公服。亦名从省服。冠，帻，簪导，绛纱单衣，革带，钩艓，假带，方心，袜，履，纷，鞶囊。从五品已上服之。……绛褠衣公服，褠衣即单衣之不垂胡也。袖狭，形直如褠内。余同从省。流外五品已下、九品已上服之。

那么首先，朝服、公服概念就清晰化了：隋朝“朝服”和“公服”的区别，乃是“具”与“从省”的区别。前者服饰繁备，故称“具服”，用于陪祭、朝飨、拜表等“大事”；后者服饰较简，省略了若干饰物，故曰“从省服”，用于规格较低的场合。这种“朝服”“公服”概念，上承“东齐之法”，而与北周有异。《隋书·礼仪志七》后文又叙隋炀帝的大业服制，依然是“其朝服，亦名具服”，“其五品已上，一品已下，又有公服，亦名从省服。”大业年间的“朝服”“公服”的概念同于开皇。

朝服、从省服都用“冠、帻”，“冠”就是进贤冠，“帻”就是黑介帻，这是同于北齐的。《隋书·礼仪志七》叙述隋朝的进贤冠：“进贤冠，黑介帻，文官服之。从三品已上三梁，从五品已上两梁，流内九品已上一梁。”隋朝公服既用进贤冠、黑介帻，则《旧唐志》“弁冠，朱衣裳素，革带，乌皮履，是为公服”的说法必误。“弁冠”不可能是公服，更不可能是朝服。

那么隋朝的“弁冠”属于什么“服”呢？这得从其式样及用途来分析。《旧唐志》称隋朝“弁冠”“文官寻常入内及在本司常服之”，而唐代的冠服中，恰有式样和用途都与之对应的服类。《新唐书》卷二四《车服志》(以下称《新唐志》)叙述唐朝群臣冠服，说是“群臣之服二十有一”。二十一种冠服的前几种是祭服，其余跟此处讨论相关的几种，我们摘引如下，并加序号以便称引：

1. 武弁者，武官朝参、殿庭武舞郎、堂下鼓人、鼓吹桉工之服也。有平巾帻，武舞绯丝布大袖，白练榼裆，螣蛇起梁带，豹文大口绔，乌皮靴。

2. 弁服者，文官九品公事之服也。以鹿皮为之，通用乌纱，牙簪导。缨：一品九琪，二品八琪，三品七琪，四品六琪，五品五琪，犀簪导，皆朱衣素裳，革带，鞶囊，小绶，双佩，白袜，乌皮履。六品以下去琪及鞶囊、绶、佩。六品、七品绿衣，八品、九品青衣。

3. 进贤冠者，文官朝参、三老五更之服也。黑介帻，青緌。纷长六尺四寸，广四寸，色如其绶。三品以上三梁，五品以上两梁，九品以上及国官一梁，六品以下私祭皆服之。侍中、中书令、左右散骑常侍有黄金珰，附蝉，貂尾。侍左者左珥，侍右者右珥。

4. 平巾帻者，武官、卫官公事之服也。金饰，五品以上兼用玉，大口绔，乌皮靴，白练裙、襦，起梁带。陪大仗，有裲裆、螣蛇。朝集从事、州县佐史、岳渎祝史、外州品子、庶民任掌事者服之，有绯褶、大口绔，紫附褠。文武官骑马服之，则去裲裆、螣蛇。

5. 黑介帻者，国官视品、府佐谒府、国子大学四门生俊士参见之服也。簪导，白纱单衣，青襟、褾、领，革带，乌皮履。未冠者，冠则空顶黑介帻，双童髻，去革带。

6. 具服者，五品以上陪祭、朝飨、拜表、大事之服也，亦曰朝服。冠，帻，簪导，绛纱单衣，白纱中单，黑领、袖，黑褾、襈、裾，白裙、襦，革带金钩艓，假带，曲领方心，绛纱蔽膝，白袜，乌皮舄，剑，纷，鞶囊，双佩，双绶。六品以下去剑、佩、绶，七品以上以白笔代簪，八品、九品去白笔，白纱中单，以履代舄。

7. 从省服者，五品以上公事、朔望朝谒、见东宫之服也，亦曰公服。冠，帻，缨，簪导，绛纱单衣，白裙、襦，革带钩艓，假带，方心，袜，履，纷，鞶囊，双佩，乌皮履。六品以下去纷、鞶囊、双佩。

先看最后两种，即第6种具服和第7种从省服。这两服的构成、称呼和用法，都与隋朝无异。“冠、帻”仍是具服与从省服所共有的，它们就是第3种“进贤冠”及第5种“黑介帻”。

之所以单称“冠”而不特称“进贤冠”，是因为那“冠”除进贤冠外还包括远游冠、獬豸冠、高山冠、却非冠[①]，这五冠处于同一个服等。第7类说“从省服”为“公事、朔望朝谒”之服，而第3类说“进贤冠”是“文官朝参”之服[②]，也说明进贤冠就是从省服中的“冠”，进而也是具服之冠了。

可见在《新唐志》“群臣之服二十有一”的说法中，具服、从省服与进贤冠、黑介帻等不是同等概念，进贤冠、黑介帻是具服与从省服的组成部分。它们彼此交叉重叠。王宇清先生把唐朝冠服分为七类，但他未能弄清具服、从省服与进贤冠的关系，结果把远游冠、进贤冠、法冠、高山冠等叙述为第4类，而把具服叙述为第6类、把从省服叙为第7类(缺第5类，第4类后面就是第6类，大概是编序号的时候马虎了)[③]。看来王先生并不知道，进贤冠、法冠、高山冠等等“冠”，就是具服、从省服中的“冠”。可见“群臣之服二十有一”的说法是误导性的，因为最后两种具服与从省服是服等概念而不是冠类概念，与前面的十九种相互重叠。某些服饰史

---

① 《唐六典》卷二二《织染署令》：“臣下之冠五，一曰远游冠，二曰进贤冠，三曰獬豸冠，四曰高山冠，五曰却非冠。”中华书局1992年版，第575页。这五种冠，就是朝服、具服中所包含的“冠、帻”中的“冠”。

② 按唐代的朝参，有常朝和朔望朝之别。常朝即常参官的每日朝参，后改为单日朝参。常参官包括文武五品以上职事官，及两省供奉官、监察御史、员外郎、太常博士。朔望朝则在每月的初一、十五举行，这是较隆重的，在京九品以上文武职事官都要参加。参看张国刚：《唐代官制》，三秦出版社1987年版，第14页。所谓“公事、朔望朝谒”包括“公事朝谒”即常朝和“朔望朝谒”两种朝参。

③ 王宇清：《中国服饰史纲》，中国台湾中华大典编印会1967年版，第190—191页。

的研究者在叙述唐代冠服时，未加辨析而径用“二十有一”的说法，那不怎么稳妥。①

孙机先生说：“唐代以冠服为朝服，故以下冠服一等的弁服为公服。”可我们看到，唐朝公服并不是弁服，而是使用冠、帻的从省服，同隋。这从皇太子的冠服上也看得出来。皇太子的具服是饰物齐备的远游三梁冠，其公服是比具服简单一些的远游冠，此外是乌纱帽、平巾帻和鹿皮弁服等。② 那么在皇太子那里，弁服也不是公服或朝服。孙先生还把武官的平巾帻也说成“朝服”，可皇太子的平巾帻被列在朝服、公服之外，不好看成朝服。

进贤冠与黑介帻的搭配构成了文官朝服，单用的黑介帻则如《新唐志》上引第5类所示，是“国官视品、府佐谒府、国子大学四门生俊士参见之服也”。相类似的搭配还有武弁与平巾帻：武弁与平巾帻二者共享，构成了“武官朝参”之服；单用的平巾帻，则如《新唐志》上引第4类所示，是“武官、卫官公事之服也”。

要注意这个“公事之服”的提法。从构成、用途和等级说，

---

① 例如周锡保径用“二十有一”之说，把具服、公服与其他冠服并叙，见其《中国古代服饰史》，中国戏剧出版社1984年版，第175页以下。黄能馥、陈娟娟先生又说群臣之服二十二种，那是把“婚服”也加上了，见其《中国服装史》，中国旅游出版社1995年版，第148页；或其《中国文化通志·服饰志》，上海人民出版社1998年版，第228页；或其《中国服饰史》，上海人民出版社2004年版，第230页。朱和平也说是二十二种，应是承袭黄、陈之说，见其《中国服饰史稿》，中州古籍出版社2001年版，第198页。

② 参看《旧唐书》卷四五《舆服志》。

唐朝的“公事之服”是一个单独的服等。武官以平巾帻为“公事之服”，文官也有其“公事之服”，请看《新唐志》上引文第2类：“弁服者，文官九品公事之服也。”“弁”即“皮弁”，它来自古代礼书中的“皮弁”，为冠礼“三加”之一，是鹿皮制成的。

唐以弁服为“公事之服”，其实自隋已然。《旧唐志》述隋朝“弁冠，朱衣裳素，革带，乌皮履，是为公服。其弁通用乌漆纱为之……文官寻常入内及在本司常服之。”可见这弁服，在隋朝是“文官寻常入内及在本司常服之”，在唐朝是“公事之服”，二者明明是上承下效的关系。什么是“公事”呢？“公事”包括两种情况：一、朝参之外的因事入见皇帝，即“寻常入内”；二、本司的日常办公。换言之，准以唐制，隋朝的弁服其实是“公事之服”，而不是《旧唐志》所说的“公服”。“公服”与“公事之服”是两个服等，各有各的，“公服”用于朝参，“公事之服”不用于朝参。

进而《旧唐志》叙隋“弁冠”，其“冠”字也有问题。若以“冠”为泛称，则不妨说弁也是一种冠；若绳以狭义，则弁是弁、冠是冠，“冠”特指进贤冠等五冠[①]。在《旧唐志》“弁冠……是为公服”那段文字后，又云“其弁通用乌漆纱为之……”就只说皮弁，而没有进贤冠什么事儿了。总之，《旧唐志》隋朝“弁冠……是为公服”那句话的正确表述，应是“弁服……是为公事之服”。是《旧唐志》作者疏忽或误会了，把“公事之

① 《唐六典》卷二二《织染署令》叙“臣下之冠五”，又“冕五”“弁二”“帻三”，可见“冠”“弁”有别。中华书局1992年版，第576页。

服”说成了“公服”。仅仅错了三个字，却可能招致很大误解。

顺便说，《旧唐志》中的隋朝车驾制度，也存在着问题。《旧唐志》云：“隋制，车有四等，有亘幰、通幰、轺车、辂车。”孙机先生指出：“其四等之说，全然与隋制不合，且置辂车与第四等，尤失其序……案《隋志》无通卷皆言车制，叙述甚详。本节仅节取其‘犊车’条末后数语，而以之概括隋代车制，殊爽原意。”[①]那么《旧唐志》既用“四等”概括隋朝冠服之制，又用“四等”概括隋朝车舆之制，但二者都存在着不准确的地方。所以我们初步推断，《旧唐志》的作者在追述隋代舆服时，对其等级结构并未深考，率意以“四等”概括其舆制与服制，把问题弄乱了。

文官的弁服和武官的平巾帻都是“公事之服”，在唐朝冠服体制中，它们共同构成了一个单独服等。请看《唐六典》卷四《尚书礼部》对唐朝冠服的概括：

> 凡王公、第一品服衮冕……六品至九品服爵弁……
>
> 凡百官朝服，陪祭、朝会，大事则服之……
>
> 公服，朔望朝、谒见皇太子则服之……
>
> 弁服，[文官]寻常公事则服之……
>
> 平巾帻之服，武官及卫官寻常公事则服之……
>
> 袴褶之服，朔望朝会则服之……

---

① 孙机：《两唐书舆(车)服志校释稿》，《中国古舆服论丛》(增订本)，文物出版社2001年版，第342页。

《唐六典》的分等叙述，比两《唐志》清晰得多了，它明示人们，弁服与平巾帻“寻常公事则服之”，即“公事之服”，自为一等。

《唐六典》上文中，还列有一种“袴褶之服”，其用途是“朔望朝会则服之”。袴褶是在东汉末年出现的，本为劳动者的服装，后来变成了军服。唐朝一段时间中，百官在很多场合又穿袴褶。就其用于“朔望朝会”而言，它与用于“朔望朝”的公服规格相同，大概用了袴褶就不用公服的“绛纱单衣，白裙、襦”了。又：

> 唐睿宗文明元年(684 年)七月甲寅诏：……京文官五品已上，六品已下七品清官，每日入朝，常服裤褶。诸州县长官在公衙，亦准此。(《旧唐书》卷四五《舆服志》)
>
> 唐玄宗(开元)二十五年(737 年)御史大夫李适之建议：“冬至、元日大礼，朝参官及六品清官服朱衣，六品以下通服袴褶。”天宝中，御史中丞吉温建议：“京官朔望朝参，衣朱袴褶，五品以上有珂伞。”(《新唐书》卷二四《车服志》)
>
> 唐德宗贞元十五年(799 年)：膳部郎中归崇敬以百官朔望朝服袴褶非古礼，上疏云：“按三代典礼、两汉史籍，并无袴褶之制，亦未详所起之由。隋代以来，始有服者，事不师古，请罢之。”奏可。(《文

献通考》卷一〇七《王礼考二》，中华书局 1986 年版，第 1017 页中栏；又见同书卷一一二《王礼考七》，第 1017 页上栏）

第一条说在京五品以上及六七品清官，每日入朝常服用袴褶。这跟用于朝参的弁服相近了；同时“诸州县长官在公衙，亦准此”，穿袴褶在公衙办公应属“寻常公事”，而弁服也是“寻常公事之服”。第二条说冬至及元日大礼，朝参官及六品清官服朱衣，六品以下服袴褶。那么对六品以下官，袴褶又用于朝服场合了。由第三条，知唐德宗时罢袴褶。据此我们认为，一度被使用的袴褶，其用途类似公服，某些情况下也相当于弁服与朝服。所以袴褶的使用跨越了几个服等，本身不应看成一个独立服等。

燕服则可以构成一个独立服等。燕服有时被称为常服。《旧唐书·舆服志》：“燕服，盖古之亵服也，今亦谓之常服。……隋代帝王贵臣，多服黄文绫袍，乌纱帽，九环带，乌皮六合靴。百官常服，同于匹庶，皆着黄袍，出入殿省。天子朝服亦如之，惟带加十三环以为差异，盖取于便事。其乌纱帽渐废，贵贱通服折上巾，其制周武帝建德年所造也。晋公宇文护始命袍加下襴。……武德初，因隋旧制，天子燕服，亦名常服，唯以黄袍及衫，后渐用赤黄，遂禁士庶不得以赤黄为衣服杂饰。”天子“其常服，赤黄袍衫，折上头巾，九环带，六合靴，皆起自魏、周，便于戎事。自贞观已后，非元日冬至受朝及大祭祀，皆常服而已”；皇太子“若燕服，常服紫衫袍，与诸王同”。官僚的燕服也是折上巾、乌皮六合靴和袍衫；袍衫之色是三品以上服紫，五品以上服绯，六七品服绿，八九品服青。

皇帝、太子和官僚的冠服种类，存在着一定对应关系，可以互证。《唐六典》卷四《尚书礼部》：“乘舆之服则有大裘冕、衮冕、鷩冕、毳冕、絺冕、玄冕、通天冠、武弁、弁服、黑介帻、白纱帽、平巾帻、翼善冠之服。……皇太子之服则有衮冕、具服远游冠、公服远游冠、乌纱帽、弁服、平巾帻、进德冠之服。”由此可把皇帝、太子和官僚的有关冠服简列如下：

皇帝、太子和官僚的有关冠服

<table>
<tr><th>皇帝冠服</th><th>太子冠服</th><th>官僚冠服</th><th>官僚冠服用途</th></tr>
<tr><td>冕服</td><td>衮冕</td><td>冕服</td><td></td></tr>
<tr><td rowspan="2">通天冠
黑介帻</td><td>具服 远游冠
黑介帻</td><td>具服 进贤冠
黑介帻</td><td>陪祭、朝飨、拜表、大事</td></tr>
<tr><td>公服 远游冠
黑介帻</td><td>公服 进贤冠
黑介帻</td><td>朔望朝、谒见皇太子</td></tr>
<tr><td>武弁、平巾帻</td><td></td><td>武弁、平巾帻</td><td>武官朝参</td></tr>
<tr><td>弁服</td><td>弁服</td><td>弁服</td><td>文官公事之服</td></tr>
<tr><td>平巾帻</td><td>平巾帻</td><td>平巾帻</td><td>武官公事之服</td></tr>
<tr><td>黑介帻</td><td>黑介帻</td><td>黑介帻</td><td>国官、府佐、学生之服</td></tr>
<tr><td>翼善冠</td><td>进德冠</td><td>进德冠</td><td></td></tr>
<tr><td>燕服</td><td>燕服</td><td>燕服</td><td></td></tr>
<tr><td>白纱帽</td><td>乌纱帽</td><td></td><td></td></tr>
</table>

翼善冠、进德冠属什么服等呢？二冠为唐太宗所制，其形制与弁相近。翼善冠为唐太宗自服，进德冠是赐给贵臣服

的，太子也服。在一段时间中，皇帝在元日、冬至、朔、望视朝时服翼善冠，那么臣下相应应服进德冠。若皇帝朔望视朝仍用弁服，臣下应弁服如故。① 所以进德冠的用途与弁服、公服、朝服重合，也不构成独立的服等。

至此，就可以把唐朝的服等体制概括如下了：

唐朝的服等体制

	文官	武官
祭服	冕服	
朝服	进贤冠、黑介帻	武弁，平巾帻
公服	进贤冠、黑介帻	
公事之服	弁服	平巾帻
燕服	折上巾，袍衫，靴	

也就是说，唐朝的服等有五个等级(武官则是四个等级)。马端临概述唐朝冠服，是这么说的："王公以下冠服，唐制有衮冕九旒……爵弁、朝服、公服、袴褶、弁服。宋朝省八旒、六旒冕、公服、弁服。"②在其所叙唐制中，袴褶是一种服饰但不构成一个服等；而弁服被马端临专门列为一类，说明他对这种"公事之服"是有正确认识的。

最后对"常服"概念，还得略加辨析。《旧唐志》把隋朝的

① 《新唐书》卷二四《车服志》："太宗……采古制为翼善冠，自服之。又制进德冠以赐贵臣，玉琪，制如弁服，以金饰梁，花趺，三品以上加金络，五品以上附山云。自是元日、冬至、朔、望视朝，服翼善冠，衣白练裙襦……其后朔、望视朝，仍用弁服。"

② 《文献通考》卷一一三《王礼考八 · 群臣冠冕服章》，中华书局 1986 年版，第 1019 页中栏。

平巾帻、紫衫白袍、靴称为“常服”，对此孙机先生提出异议。我们想《旧唐志》称平巾帻为常服，有可能是因为二者相近。平巾帻是与紫衫白袍（六品以下绯衫）、金玉钿起梁带构成套服的，而燕服的构成则是折上巾（幞头）、紫衫袍、玉带；那么二者都用紫袍玉带，相去不远。

进而“常服”概念经常在“日常之服”的意思上被很宽泛地使用着。在南北朝，祭服外的冠服都可以称“常服”，皇帝通天冠也可以称常服（参看前文）。然而有时常服又对朝服而言。《魏书》卷一四《元丕传》有言：“至于衣冕已行，朱服列位，而丕犹常服列在坐隅。晚乃稍加弁带，而不能修饰容仪。”在这里，“衣冕”属祭服（礼服），“朱服”属朝服，那么这里的“常服”又指祭服、朝服之外的服装了，具体说元丕的“常服”实为胡服，“晚乃稍加弁带”的大概是弁服。《隋书》卷三《炀帝纪上》：“上常服，皮弁十有二琪；文官弁服，佩玉。”这说“常服”的皮弁，又是相对于冕服和通天冠而言的。

唐朝“常服”特指燕服①，但有时弁服似乎也算常服②。又

---

① 《旧唐书》卷九六《姚崇传》记姚崇临死云：“吾身亡后，可殓以常服，四时之衣，各一副而已。吾性甚不爱冠衣，必不得将入棺墓，紫衣玉带，足便于身，念尔等勿复违之。”这“服紫，金玉带”的常服，正是燕服。

② 《旧唐书》卷四四《职官志三》叙侍御史：“大事则冠法冠，衣朱衣纁裳、白纱中单以弹之，小事常服而已。”又《唐会要》卷六一《御史台中》：“大事则豸冠、朱衣纁裳、白纱中单，以弹之；小事常服而已。”“法冠，朱衣纁裳”与进贤冠、绛纱单衣同一服等，那么其“小事常服”的“常服”，就有可能是弁服了。不过《大唐开元礼》卷三叙弁服：“文官职事九品以上寻常公事服之。泥雨则通著常服。”民族出版社 2000 年版，第 30 页下栏。这句话里的弁服不是“常服”。

《新唐书》卷二四《车服志》说“太宗……常服则有袴褶与平巾帻”，那么平巾帻还真可以说成是“常服”的。但《新唐志》叙述太子之服时，先说平巾帻是紫裙白袴，又云“常服则有白裙襦”，那么紫裙白袴的平巾帻又非常服了。又如“其在京诸司文武职事，五品已上清官，并六品七品清官，并每日入朝之时，常服袴褶”①之言，以袴褶为“常服”。而在“帝、后俱兴，尚宫引皇帝入东房，释冕服，御常服”②、“近日惟郊庙太微宫具祭服，五郊迎气日月诸祠，并祇常服行事”③这类记述中，“常服”明指祭服之外的其他冠服，朝服通天冠、进贤冠都在常服之列。

那么“常服”可指祭服之外的冠服，可指祭服、朝服之外的冠服，也可以特指燕服。即如下表：

常服可指代的服饰

<table>
<tr><td>祭服</td><td>冕服</td><td>祭服</td><td>祭服</td><td rowspan="4">非常服</td></tr>
<tr><td>朝服</td><td>进贤冠、黑介帻</td><td rowspan="4">常服</td><td rowspan="2">朝服</td></tr>
<tr><td>公服</td><td>进贤冠、黑介帻</td></tr>
<tr><td>公事之服</td><td>弁服、平巾帻</td><td rowspan="2">常服</td></tr>
<tr><td>燕服</td><td>折上巾、袍衫、靴</td><td>常服</td></tr>
</table>

看来“常服”概念是比较散漫灵活的，含义不太确定。所以在讨论服等之时，对那套折上巾、袍、靴构成的服饰，我

---

① 武则天：《改元光宅赦文》，《全唐文》卷九六，中华书局 1983 年版，第 994 页。

② 《新唐书》卷一八《礼乐志八》。

③ 路航：《申严祀典议》，《全唐文》卷八四八，中华书局 1983 年版，第 8913 页下栏。

们觉得称“燕服”为好，称之为“常服”则难免纠缠不清。反过来说，也不能见到“常服”就认定它必定是折上巾、袍、靴。称平巾帻为“常服”，未必全误。

宋朝的“常服”概念就相对明确多了。从用途和规格说，宋朝的常服与唐朝公服的服等比较接近。《宋史》卷一五二《舆服志四》：“朝服：一曰进贤冠，二曰貂蝉冠，三曰獬豸冠，皆朱衣朱裳。”朝服即进贤冠加绯罗袍、绯罗裙。至于常服，系幞头与曲领大袖衫，其颜色依官品而定。同书卷一五三《舆服志五》：“凡朝服谓之具服，公服从省，今谓之常服。宋因唐制，三品以上服紫，五品以上服朱，七品以上服绿，九品以上服青。其制，曲领大袖，下施横襕，束以革带，幞头，乌皮靴。自王公至一命之士，通服之。”所谓“凡朝服谓之具服，公服从省”，说的是唐制；“今谓之常服”，并不等于宋朝的常服也是朝服之“从省”。朝服是梁冠、朱衣朱裳，常服是幞头、曲领大袖衫，二者间并无“从省”关系。

唐宋间服等制度发生了一些变化。马端临说，“宋朝省八旒、六旒冕、公服、弁服”。细考《唐六典》《通典》与两《唐志》，四者对公服、弁服及其用途的记载，其间存在着微妙的差异。《唐六典》说“弁服，［文官］寻常公事则服之”；“公服，朔望朝、谒见皇太子则服之”，《通典》与《唐六典》相同①。按《通典》与《唐六典》的叙述，弁服与公服各有其用，并不重合。

① 参看《通典》卷一〇八《礼六十八·开元礼纂类三·君臣冕服制度》，中华书局 1984 年版，第 569—570 页；或中华书局 1988 年版，王文锦等点校本，第 2801 页。

《新唐志》就不同了，先称“弁服者，文官九品公事之服也”，随后又云“从省服者，五品以上公事、朔望朝谒、见东宫之服也，亦曰公服”。这样一来，弁服用于“公事”，从省服也用于“公事”，二者用途交叉重合了。《旧唐志》叙述了平巾帻，却根本没记弁服，同时又说唐朝的公服是“谒见东宫及余公事则服之”，公服的用途把“余公事”包括在内了。兹将其间差异列为下表：

几部古籍中公服与弁服的差异

		朔望朝	谒见皇太子	寻常公事
《唐六典》	公服	●	●	×
《通典》	弁服	×	×	●
《新唐志》	公服	●	●	●
	弁服	×	×	●
《旧唐志》	公服	×	●	●
	弁服	×	×	×

注：●与×表示使用于或不使用于某个场合

推测《唐六典》和《通典》反映的是较早情况，这时候公服和弁服有明确分工，互不重合，明明是两个服等。但唐后期弁服的使用场合逐渐缩小，被公服压缩了；而且与此同时，朝服、公服、弁服这三个服等又有简化之势，开始向宋朝朝服、常服两等演变，隆重的朝礼用朝服，日常公事用常服而已。

其间变化的更多细节，还有待另行详考。不过必须知道，

“服等”主要是个规格与场合的概念，至于各服等所对应的具体服饰是什么，则是因时而异的：某一种服饰跨越了两个服等的情况，时或出现；各服等的名称，也并不是严格确定的，有时也用得很随意。所以对于服等的结构，要从“场合”“服饰”“名称”三方面综合考虑。

至于明朝，以梁冠、赤罗衣、赤罗裳为朝服，以梁冠、青罗衣、赤罗裳为祭服，以乌纱帽、盘领右衽袍、束带为公服，以乌纱帽、团领衫为常服，嘉靖皇帝还为官员制定了燕服。就是说，明朝冠服体制也有五个服等，与唐服等之数相类。

（原刊中华书局编《文史》2007年第4期）

中古“古礼复兴运动”——以《周礼》六冕制度为例

这是在中国唐朝的六五六年，也就是唐高宗的显庆元年，长孙无忌、于志宁、许敬宗等一批大臣，向皇帝进上了一份语调激愤的奏疏，矛头直指现行冕服制度。其中有这样的内容：

查阅《新礼》的规定，皇帝在祭祀社稷的时候穿着绣冕，冕四旒而服三章；祭日月的时候穿着玄冕，冕三旒而衣无章。根据令文的规定，这只相当于四品、五品官的冕服。同时，三公在祭祀时却穿着衮冕（九旒九章），孤、卿在祭祀时却穿着毳冕（七旒七章）、鷩冕（五旒五章）。那么皇帝冕服的章数，居然与大臣相同了！这种“君少臣多”的情况，是绝对不可以接受的！

一群元老重臣为皇帝的冕服郑重上奏，要求改变冕服制度，这是为什么呢？皇帝戴什么样的帽子、穿什么样的衣服，真有那么重要，以致引发抨击吗？

现代社会的穿衣戴帽属个人自由，所以我们不太容易理解古人对衣帽的感受了。但古人就不同了，衣服及其装饰物属礼制。中国号称“礼仪之邦”，在很早的时候就发展出了发达的礼仪制度，而且还有“礼治”即“以礼治天下”的思想，“礼”成了一种治国的手段。所谓“以礼治天下”，并不只是教育人民懂得和遵守礼貌而已。像上面所引的大臣关于冕服的奏疏，至少就涉及了两件事情，第一是祭祀，第二是官品。“礼”包括各种祭祀，所以“礼”是很神圣的；“礼”又用以区分尊卑贵贱，维护着君尊臣卑、官贵民贱的社会秩序，在专制时代不容逾越。可见，“礼”还有着丰富得多的文化、宗教和政治功能。

下面具体来看这场冕服纠葛。唐朝把皇帝参与的祭祀和礼仪活动分成了六等，每一等穿戴不同冕服。这些冕服以“冕”命名，其实除了冕还包括衣裳的。冕服的外观差别不是太大，其等级区别，主要是体现在冕上旒的多少，和衣裳上的章的多少。“旒”是冕版上下垂的珠串，最高等的可以有十二串旒。“章”是衣服上的图案，一共有十二种，分别是日、月、星辰、山、龙、华虫(山鸡)、火、宗彝(画作两个饮器，一个绘虎，一个绘长尾猿)、藻(水藻)、粉米(米粉和米粒)、黼(由斧形变化而来)、黻(一种有点像汉字“亚”字的图形)。

唐朝的这种冕服曾传入日本。文武天皇(697—707 年在位)于大宝元年(701 年)颁《大宝律令》，天皇使用衮冕，冕有十二旒，缀以五色珠玉；衮龙御衣为红地，饰有日月星辰等十二章。唐朝冕服体制复杂得多了，它涉及了几种等级：冕服本身有等级，需要穿戴冕服的祭礼有等级，此外五品以上官也得依官品服冕，所以还涉及了官员的品级。根据唐高祖的《武德令》，唐初的祭祀和冕服等级大略如下：

大裘冕：用于祭祀天神地祇，黑羊羔皮所制，冕无旒，亦无章。

衮冕：用于诸祭祀及多种礼仪，皇帝冕十二旒，衣裳十二章；官员九旒、九章。

鷩冕：用于祭祀远主（辈分较高的祖先），冕七旒，衣裳七章。

毳冕，用于祭祀海岳，冕五旒，衣裳五章。

绣冕，用于祭祀社稷，冕四旒，衣裳三章。

玄冕：用于祭祀百神日月，冕三旒，衣无章，裳一章。

在这些冕服中，大裘冕是皇帝专用的，臣下不能用；其余五冕，既是皇帝的礼服，也是官员的礼服。但皇帝的衮冕和官员衮冕略异，一个是十二旒十二章，一个是九旒九章；其余四冕，皇帝和官员就没有区别了。列出表来就清楚多了：

皇帝与官员各冕服的旒、章等级

身份	大裘冕	衮冕	鷩冕	毳冕	绣冕	玄冕
天子	无旒无章	十二旒十二章	七旒七章	五旒五章	四旒三章	三旒一章
一品		九旒九章				
二品			七旒七章			
三品				五旒五章		
四品					四旒三章	
五品						三旒一章

那么到底是什么，引起了长孙无忌等大臣的愤怒呢？关键在于冕服的运用规则。上面所说的“皇帝冕服依祭祀等级而变”，可以称为“规则一”；而官员冕服却只按官品而定，在各种场合都不变，可以称为“规则二”。“规则一”和“规则二”相结合，一变一不变，问题就发生了。

分析上面的表格即知，在皇帝祭祀远主而服鷩冕时，就将出现“君少臣多”的情况，这时候一品官所服为衮冕，高于皇帝的鷩冕。在皇帝为祭祀海岳而服毳冕时，二品官的鷩冕也高于皇帝了。随后就是大臣们所指责的情况。皇帝祭社稷，其冕服变为四旒三章的绣冕，其时一品官的衮冕九旒九章，二品官的鷩冕七旒七章，三品官的毳冕五旒五章，都比皇帝的绣冕为高；就连四品官的绣冕，也跟皇帝并驾齐驱了。祭祀百神、日月时事情最严重，其时皇帝变为玄冕，只三旒一章，其冕服等级只与五品官相当，一、二、三、四品官员的冕服都比皇帝为高。这就是长孙无忌等所说的“君多臣少”或

“与王无别”。

也许有人认为，祭服等级不算是大事，与兵刑钱谷没什么直接关系，只是一种文饰，帝国大厦的礼制文饰。但若换个角度看呢？在中国古人的世界观中，人间君主最大，宇宙间是“天”最大，而祭祀正是沟通天人的。春秋时的君臣就有这样的看法：“国之大事，在祀与戎。”有个流亡的国君在谋求回国时，表示情愿把实权交给大臣，自己只作为国君承担祭祀，所谓“政由宁氏，祭则寡人”。孔老夫子说：“唯天为大。”在皇帝祭祀的时候，他是在代表人间秩序与天地神灵沟通。而这个人间秩序是一个森严的等级金字塔，其中的各种礼制都在保障皇帝的至高无上，甚至包括车马、衣服之制。

中国古代的“正史”中有“舆服志”的章节，专门记载舆服制度。据记载，秦汉皇帝的车子驾六马，臣下之车只能驾四马、三马、二马、一马。秦汉皇帝戴通天冠，诸王戴远游冠，官员戴进贤冠，进贤冠分一梁冠、二梁冠、三梁冠三等，等级分明。秦汉以来中国专制的强化，在舆服之礼上也能体现出来。比如说刚刚提到的梁冠吧，北齐皇帝用五梁冠，二品以上文官三梁冠，四品以上文官两梁冠，五品至流外九品一梁冠；而到唐朝，皇帝通天冠的梁数增至二十四梁，官员仍是三梁、二梁、一梁。据说礼制以“十二”为“天之数”；天子衮冕前后十二旒，合计二十四旒，那么皇帝通天冠也得二十四梁。皇帝与臣下的冠梁之数差距的拉大，是现实生活中君臣等级距离拉大的形象反映。

君臣冠梁之数在唐代差距拉大，反映了“君尊臣卑”，那么唐初的冕服就更显得奇怪，居然出现了皇帝冕服等级低于臣下的情况，不是“君尊臣卑”，倒是“臣尊君卑”了。难怪长孙无忌等大臣要为之发难。甚至还可以做一个推测，唐高宗对唐初的这个礼制规定已不满意了，大臣们的抨击倒是在投其所好。

无论如何，这种君臣礼制等级倒置，在中国礼制史上是非常罕见的。中国专制时代竟然发生过这种事情，我们不能不问个究竟。唐朝的冕服之制来自一部先秦古书——《周礼》，它与汉唐的一个特殊历史现象，即“古礼复兴运动”有关；进一步说，又与历史早期中国人对古礼的特殊看法有关。质言之，唐高宗时出现的冕服纠葛，是一个涉及服饰史、经学史和官阶史的有趣课题。

先秦古书《周礼》记述了一套整齐宏大的政治社会制度，称之为周朝礼制——当然是经过编排的、理想化了的——其中就包括冕服礼制。据《周礼》，冕服有六，即大裘冕、衮冕、鷩冕、毳冕、絺冕、玄冕。大裘冕为天子祭天所独用，无章无旒；其余诸冕，拥有公侯伯子男爵的诸侯，拥有公孤卿大夫爵的诸臣，都得服用。用《周礼》的话说，就是“公之服，自衮冕而下，如王之服。侯伯之服，自鷩冕而下，如公之服。子男之服，自毳冕而下，如侯伯之服。孤之服，自絺冕而下，如子男之服。卿大夫之服，自玄冕而下，如孤之服。”其旒、章等级参看下表：

《周礼》中的旒、章等级

身份	大裘冕	衮冕	鷩冕	毳冕	絺冕	玄冕
天子	无旒无章	十二旒九章	九旒七章	七旒五章	五旒三章	三旒一章
公		九旒九章				
侯伯			七旒七章			
子男				五旒五章		
孤					四旒三章	
三命之卿						三旒一章
再命大夫						二旒一章
一命大夫						无旒一章

总之六冕，天子服其六，而公服其五，侯伯服其四，子男服其三，孤服其二，卿大夫服其一。其最大特色，就是“如王之服”：天子所服之冕，臣下也可以服用。虽臣下所服种类较少，旒数稍少，但毕竟显示了一种“君臣相通”的特色。

其实礼书中还有不少的礼制等级安排，都有“君臣相通”的特色。对这一点王夫之说得很好：“古之天子虽极尊也，而与公侯卿大夫士受秩于天者均。故车服礼秩有所增加，而无所殊异。天子之独备者，大裘、玉辂、八佾、宫县而已；其余且下而与大夫士同，昭其为一体也。”我们知道，中国的周朝还处于早期国家阶段，这时是“等级君主制”，各级诸侯与卿大夫在自己的领地上都是“君”。周天子的权势远不能跟后代的专制皇帝相比，君臣间的等级距离也不如后世那么大。天子“车服礼秩有所增加，而无所殊异”，就是“等级君主制”的一个反映。《周礼》虽是一种理想化的编排，但毕竟是以周制为素材的，其冕服等级上的“如王之服”，仍可以折射出周制的特色。

那么唐初的冕服制度，为什么要取法《周礼》呢？我们都知道，服饰是一种风俗，风俗是不断变化的。战国以上，君王和大臣都戴冕，然而唐代距离周代已相当遥远，古冕早就不合乎社会风习了。那么有必要采用古代冕服制度吗？何况在秦朝，古冕传统还出现了重大断裂。战国变法运动终结了“等级君主制”，迎来了秦汉皇帝专制。秦帝国注重法律，注重功利，注重实用，对古礼没多大兴趣，申说古礼的儒生还横遭“焚书坑儒”。这样在战国秦汉间，就出现了一个古礼的断裂。秦朝的皇帝虽然戴冕，却并没有《周礼》那种“如王之服”的冕服等级制度。那么唐代取法《周礼》冕服制度，又是怎么回事呢？这时候，我们有必要了解早期儒家的思想特点，以及汉唐之间的冕服变迁。

首先来看早期儒家的思想特点，来看其复古观念、礼治观念和宗经观念。首先是“复古”思想。儒生们习惯于把美好的社会理想寄托于往古，而不是未来，故其历史描述往往有“历史退化论”的意味。尧舜禹或夏商周的贤君被视为典范。尧舜禹是“大同”之世的典范，那时候没有阶级和压迫。然而“大同”已不易达到，夏商周的贤君就成了“小康”之世的典范，是阶级社会中所能达到的最理想境界。尤其是周朝，被认为礼制繁备、粲然可观，孔子由衷地赞叹道：“郁郁乎文哉，吾从周！”所以儒生主张“复古”，他们通过“古”来寄托其政治理念。这样的“古”当然是经过美化的。

进而早期儒家主张“礼治”。“礼”之被儒生珍视，首先在于它们的文化意义，它们是文明的结晶、文化的标志；进而还有道德意义，“忠”的道德观念体现于君臣之礼，孝的道德观念体现于父子之礼；进而还具有政治意义，为什么说三代圣王治理得好？就在于他们实行了优良的礼制；为什么三代圣王能治理好国家？也在于他们所实行的礼制。古礼不但是“仁政”的象征，还是“仁政”的手段。实现古礼，就“天下归仁”了。弟子颜回向孔老夫子请教如何“为邦”（如何治理国家），孔子是这样回答的：“行夏之时，乘殷之辂，服周之冕，乐则《韶》舞。”这个思路真是很特别的了：使用夏朝的历法，乘坐殷朝的辂车，穿着周朝的冕服，演奏韶舞，就是“为邦”！在今人看来这话未免可笑，孔夫子却是认认真真的。由此我们认为，早期儒家的“礼治”思想中，含有一种非理性的、乌托邦式的成分，或曰“礼治空想主义”。

再者，儒生所谓“礼”是有特定所指的，特指经其编排整理，而记载于儒家礼书中的“礼”。那些礼书被儒生尊奉为“经”而不断传承、不断阐释着，经书的记载是金科玉律，不可置疑不可动摇。记载于经书、浸透着其政治理念的，特定样式的一整套礼制，才算是“礼”。秦朝也有祭祀礼制，也有各种朝仪的，但在儒生眼里，秦是一个蔑弃礼仪的王朝，所以“秦仪”不算是“礼”。

由此来看冕服。冕服属“周礼”，孔老夫子都说过“服周之冕”，《仪礼》《礼记》及后来也被尊奉为“经”的《周礼》中，都有冕服的记载。那么对儒生来说，复兴周代冕服是有意义的。

尽管秦朝的统治造成了“古礼”的断裂，然而汉帝国转而尊崇儒学、尊崇儒生。在朝廷和社会上充斥着士人，士人又殷殷期待“制礼作乐”时，皇帝在礼制上有所作为，也有助于赢得士人的政治认同，于是，一个“古礼复兴运动”风生水起。汉武帝决定“独尊儒术”，并初步尝试复兴古礼古制；西汉末年王莽“复古改制”，更是全面取法周制、复兴古礼，在祭祀、礼仪、官制、爵制、田制、音乐、货币等方面大事更张。

然而，经书崇拜和古礼崇拜，是否能原封不动地搬到现实来呢？它们与帝国的现实政治能丝丝入扣么？王莽变法大规模复古，实行井田制等仿古制度，结果就招致了政治混乱和社会动荡，失败得很惨。

古礼中的冕服制度固然无关国计民生，然而径直照搬，却也可能发生问题。唐初《武德令》中的六冕制度，正是以《周礼》为本的，其所导致的“君臣倒置”也源于《周礼》。汉代以来一些经师对《周礼》加以阐释——其中最重要的是东汉末的郑玄——他们的阐释被继承下来了。根据汉唐间经师的《周礼》阐释，周天子之冕因祭祀等级而异，诸侯和诸臣的冕服却不因场合而变。这就是《武德令》冕服制度的依据。在周代，公、侯、伯、子、男五等爵的拥有者都是列国国君，他们天各一方，在自己的国家里主持本国的祭祀，与周天子不相干，一般不会在同一场合与天子冕服发生等级冲突。但帝国时代就不一样了，品官及爵位拥有者，都作为臣子参加皇帝主持的祭祀，潜在的冕服等级冲突就由隐而显了。我们看到，古礼中的冕服制度，也会与帝国现实政治发生冲突的：与“尊君卑臣”的专制制度发生冲突，与金字塔式的官僚等级制发生冲突。简单说来，是否采纳古礼的问题上存在着两种倾向，一方面是“宗经”“复古”的要求，一方面是“尊君”“实用”的需要。“尊君”就是保障君主的至高无上，“实用”就是适应现实中的官僚等级秩序。

总之，在秦所造成的“古礼”断裂之后，冕服古礼就是在这样一种矛盾之中，开始与帝国政治发生关系的。在统治者那里，有时候较多考虑“尊君”“实用”的需要，有时候则是“宗经”“复古”的要求占了上风。在不同时期，出于不同需要，统治者对冕服制度进行不同调整，使那来自古礼的冕服制度发生着各种变异。王莽变法时如何安排冕服，情况不大清楚。此后不久，东汉明帝冕服之制，是这样的：皇帝衮冕十二章十二旒，三公、诸侯之冕九章九旒，卿大夫之冕七章七旒。比较一下就知道了：按汉明帝所定制度，天子只用十二章十二旒的冕服，并不使用九章九旒以下的冕服。这和《周礼》、与唐初冕服制度很不一样。《周礼》六冕和唐初冕服若列表显示，会有一个横向宽度，可称为“多列式”；但汉明帝所定冕服，只能列出一个纵列，可称“单列式”。在“单列式”下，“君臣倒置”即臣下冕服高于皇帝的情况不会发生，从而维护了皇帝的无上威严。

三国的魏明帝，对臣下冕服又有所损略，把三公九旒九章的冕服降为七旒七章，卿七旒七章的冕服降为五旒五章了。这无疑也是出于尊君之需。这做法被西晋沿袭了。东晋初年出现了一种声称是孔安国所作的《古文尚书传》，其中对服章提出了这样一个原则："上得兼下，下不得僭上。"意思是说，地位高者可以使用地位低者所用服章，反过来就不行。比如有 A、B、C、D、E、F 几种服装，其中有几种只能皇帝穿，也有几种臣下也能穿，这在《周礼》之中的表达是"如王之服"，是说臣下也可以使用王的某几种服装，强调的是"君臣相通"；而"上得兼下，下不得僭上"的表达，强调的却是"君臣相隔"，是某几种服装臣下不准僭用，其维护皇权的口气强烈得多了。

魏晋南北朝是帝国的低谷。三国时政治分裂，西晋的短期统一又被"五胡"的冲击打破了，出现了东晋与"五胡"十六国对峙的局面。南北朝的后期，政治逐渐走出低谷。在这时候，"古礼复兴运动"迎来了又一高潮。为什么会这样呢？本来在魏晋之时，社会政治的变动造成了国家政治制度的很多变动，这时候人们已开始重视《周礼》了。例如西晋的五等爵制，国学、太学的"二学"体制，都是来自《周礼》。南北朝后期社会呈现出了向上气象，制度建设和文化正统，成为两大时代主题。而在此《周礼》都足以发挥作用。就制度改革说，《周礼》所记可以为制度变革提供灵感、素材和资源。就文化正统说，周公"制礼作乐"一直被认为是中华文明史上的大事，所以采用“周制”，就成了一面标榜政权合法性的旗帜。南朝政权可以用《周礼》来标榜自己是中华正统，而北方的鲜卑政权已充分汉化了，也期望利用周朝古制的号召力，显示自己更有理由成为中华正统。对北魏孝文帝的汉化改制，当时臣子的赞扬，就是“河洛之间，重隆周道”，“追隆周而并驱，驾炎汉而独迈”。北魏孝文帝时汉化改制，推动了汉式的官僚制度建设，也采用了汉式的祭祀和服装。孝文帝的礼制官僚制度，与周代制度是有很大差距的。北周政权连国号都径名为“周”，并索性废除汉魏以来的官僚体制，改用《周礼》六官体制。

衣冠之制，一直被认为是华夏族灿烂文化的象征，正像“衣冠上国”这句古语所反映的那样。“上国”的意思就是文化昌明的大国，它以衣服为文明的重要标志。还有“冠冕”一词，用来指官僚，也是用帽子来做“上国”的政治精英们的代称。所以在南北朝时，《周礼》六冕制度开始引起了各政权的重视。南朝的刘宋，参考《周礼》六冕又有创新，制作了大冕、法冕、饰冕、绣冕、纮冕。北周对冕服尤为热情，甚至青出于蓝而胜于蓝，还在《周礼》六冕基础上，又创造了一套复杂得多的冕服体制，冕服的种类多达十四种。而且北周重新使用了《周礼》“多列式”的冕服结构，臣下有三冕，即诸公的衮冕九章、诸侯的山冕八章和诸伯的鷩冕七章，是与皇帝通用的。这样，“君臣倒置”的隐患，就成为一种现实的可能了。

“古礼复兴运动”并没有因北周被取代而偃旗息鼓。隋朝虽然放弃了北周的庞大冕服体制，却向《周礼》回归，定制使用大裘冕、衮冕、鷩冕、毳冕、絺冕、玄冕等六冕，由此成了第一个原样且全盘采用《周礼》六种冕名的政权。当然，隋廷似乎也感觉到六冕之制会造成君臣冕服倒置，所以规定皇帝不用鷩冕以下。这个做法，又等于向汉明帝的“单列式”冕服回归了。

唐初立法制礼之时，似乎是要显示自己比刚刚被推翻的隋朝更忠于《周礼》，进而更具统治合法性，所以在《武德令》中，不但全面采用《周礼》六冕，而且比隋又进一步，皇帝是服用鷩冕以下的诸冕的。这样形成的“多列式”等级，就存在着“君臣倒置”的可能性。可见当时“宗经”的热情是如此高涨，“复古”的要求是如此强烈，以致君臣一度旁置了“尊君”和“实用”的考虑；哪怕出现了君臣冕服倒置，也要打出“周制”这面旗帜来。本文开头所叙述的、由长孙无忌等大臣提出的君臣冕服冲突，就是在这样的背景下发生的。

然而随着唐朝的统治日益稳固，人们逐渐又开始从“尊君”和“实用”的角度审视冕服了。于是便有了这样的长孙无忌等大臣为冕服“君臣不别”而高调发难的事情。在其奏疏中还有这样的话：

> 《周礼》此文，久不施用。是故汉魏以降，相承旧事，皆服衮冕。今新礼亲祭日月，乃服五品之服，唯临事施行，极不稳便。请遵历代故实，诸祭并用

衮冕。

我们看到，人们对《周礼》的崇尚已发生了动摇。大臣们指出，《周礼》所记，是个古老渺茫、早已不被实行的制度；汉魏以来虽然采用冕服，但都谢绝了“如王之服”“君臣相通”的做法，皇帝只用十二旒十二章的衮冕，并不服用低等级冕服。所以他们请求以汉魏为准，在各种祭祀上皇帝只服衮冕，也就是说鷩冕以下，皇帝不应使用。

对这番请求，唐高宗随即“制可”，予以批准。“自是，鷩冕已下，乘舆(即皇帝)更不服之。”不用鷩冕以下诸冕，则君臣倒置的情况就不再会发生了。千年以前的经典《周礼》造成的君臣冕服倒置调整，“尊君”和“实用”原则，战胜了古礼与经典的神圣性。

在此之后，大裘冕又发生了问题，因为此冕无章无旒。按历史早期的礼制，“有以文为贵者”，“有以素为贵者”。就是说，有些礼制是等级越高越富丽繁复，有些礼制却是等级越高越简单质朴。大裘冕就是后一种情况，它无章无旒的朴素外观，给人以古朴、悠远和肃穆的感受。然而皇帝却怀着土财主的趣味，觉得冠冕就该堂皇，无章无旒就不足以显示帝王的荣华。于是又有大臣出来，鼓动皇帝放弃大裘冕。到了宋朝，有司造的大裘冕越来越富丽。宋儒陈祥道、陆佃等人又出来曲解经说，炮制了一个“龙衮所以袭大裘”的论点，说皇帝祭天应穿画有龙纹的华丽衮服，戴十二旒冕，而“大裘”只是龙衮底下加穿的一件袍子。宋神宗从善如流，采纳了这个说法。

中国皇帝的审美情趣是很世俗的。风习随时代而变，世俗以奢丽为尚，皇帝也倾向于用更近时尚的方式显示自己的荣华。至于儒生呢？他们有两派，一派恪守经典、尊崇古礼，看重经典的神圣性、古礼的象征性和传统的连续性；但也有一派更富实用和功利精神，主张与时俱进，认为时移世易之时就应有“王者相变”（不同时代的统治者要适应新的情况制订新的礼乐）之事。赵宋的时世变化是什么呢？是一个更集权、更世俗化了的皇权，以及今非昔比的社会时尚。

唐朝的冕服具有很浓厚的个人属性，被官贵视为个人的荣耀，家族的冠礼、婚礼都用冕服；宋朝则很不相同了，正如宋朝朱熹所描绘的图景：祭服由有司保管着，官员平时看不见也用不上，大典礼时才分发使用。由于发祭服、换衣服十分麻烦，还得给搬祭服祭器的人赏钱，所以每逢典礼，皇帝“例降旨权免”，宣布本次典礼不用冕服了，又省事又省钱。而且冕服经常保管不善，拿出来一看破破烂烂，要修补又嫌花费，干脆包起来丢回库房。没谁喜欢冕服，人人都觉得穿戴着很不舒服。朱熹说，唐人在朝廷上使用冕服，而今天只是祭祀时不得已乃用；而且大家都觉得冕戴在头上很不舒服，“嵯峨而不安于首”。

这现象说明了什么呢？说明宋代社会观念日益理性化、世俗化了，早期儒者对古礼的迷信已大为降温，古礼的神圣光晕渐渐黯淡，冕服已不为人所重。人们依然尊崇“礼”，但与历史前期却有了相当的不同。君臣们把“礼”看成是政治原则和道德信念，包括忠、孝、仁、义等等，但人们已较清晰地意识到它们与具体的仪式、乐歌、礼器是有区别的；王朝依然需要祭祀、朝仪等等礼制，但人们也较清晰地意识到，它们与兵刑钱谷、考课铨选事务是有区别的，后者才是政治行政的重心所在。质言之，人们不再相信，夏之历法、殷之辂车、周之冕服，能成为“为邦”的中心内容甚至达致“太平”的手段了。汉代逐渐兴起的“古礼复兴运动”，在这时候确实也低落下去了。到了明朝，冕服只限于皇帝、皇族和王爵拥有者，他们只在某些礼仪场合穿戴冕服而已，其他官僚贵族不再服冕了。清朝是满族政权，皇帝和皇族不服冕，官僚也不服冕。这时朝廷另有更时尚的服饰制度去保证君尊臣卑、官贵民贱，不再借助于数千年前的古老冕服了。

唐高宗时的冕服纠葛，就是在这样的背景下发生的，即在“古礼复兴运动”的背景下发生的。如果说唐初六冕制度所造成的君臣冕服等级倒置的奇特事件，是“古礼复兴运动”所导致的政治制度扭曲的一个突出表现，那么长孙无忌、于志宁、许敬宗等大臣对《周礼》六冕制度的抨击，则预示这个运动的由盛转衰。

这样我们就看到了两条变迁轨迹：一条是冕服古礼，其轨迹是由衰而盛、由盛而衰，其背景则是汉唐间的“古礼复兴运动”；另一条是君尊臣卑、官贵民贱的等级体制，其发展轨迹在两千年中扶摇直上，历久不衰。正是在两条轨迹的交织中，能发现传统政治文化的很多微妙之处。例如复古、宗经和尊君、实用的不同考虑，看到各时代经学家的不同论说，看到冕服等级与行政等级的复杂关系，等等。在这背后，则是儒学、儒经和儒生与王朝政治的复杂关系，中国早期“礼治”思想的非理性方面和浪漫色彩，及其在历史后期的理性化、世俗化进程。

（北京大学历史学系—京都大学人文学科学术研讨会论文，京都，2005 年 12 月）

君臣通用与如王之服：《周礼》六冕的结构生成

先秦古书《周礼》记载了一种冕服制度，它由六等冕服构成，即大裘冕、衮冕、鷩冕、毳冕、絺冕及玄冕。它们用作祭服和礼服。六冕的等级特征，是“君臣通用”和“如王之服”，即：天子服冕，诸侯与诸臣也服冕，只不过所服种类较少、依次而降而已。例如，天子可服全部六冕，而公可以服其后五种，“自衮冕而下，如王之服”；侯伯可以服其后四种，“自鷩冕而下，如公之服”。

种种迹象显示，这种“六冕”制度，在现实生活中是没有的。它只存在于《周礼》的书本之中，是《周礼》作者的虚拟与编排。中国古代礼乐发源于周代。周王朝的礼乐制度，可以称为“原生礼制”。这种“原生礼制”，在战国的历史剧变中崩坏了。“变法”运动中，“原生礼制”被生气勃勃的帝国法制取代了，中国“古礼”传统出现了严重断裂。但在另一方面，“古礼”传统又并未中断。一方面它在现实生活中消歇了，另一方面，它也赢得了空前的发展，不过是在虚拟世界里，在儒生的头脑中和书本中。若干儒生在现实政治发展的刺激之下，利用原生礼制做素材，驰骋想象、踵事增华，在礼制上做出了一系列重大建构，其成果体现在后来被视为经典的若干礼书之中。对此我们称为“初次建构”。在此之后，汉唐的经学家们以礼书为本，在其注疏中开始了对“古礼”的“二次建构”。同时在这一过程中，被建构出来的“古礼”，逐渐被汉以下各王朝有选择地采用了。今人所了解的“古礼”，就是在“初次建构”和“二次建构”中形成的。例如儒家丧服制度是“古礼”的荦荦大端，然而在先秦没多少人实行“三年丧”。相当一段时间中，“丧服礼”只是礼书中的想象与编排而已。《周礼》六冕制度也是如此，最初也只是一种想象与编排，一种“建构”。

然而“建构”并不是凭空进行的。从人类学和社会学的角度看，结构性的东西不会无因而生。《周礼》六冕的等级架构与运用规则呈现为一个结构，其“君臣通用”和“如王之服”的特征，也一定有某种我们尚不明确的结构性来源。本文为自己确定的任务，就是考察六冕的结构性来源，探讨其结构是如何被“构建”，或如何“生成”的。

首先，我们将把六冕制度的结构性特征，追溯到周代的“等级祭祀制”。周代存在着“等级祭祀制”，地位高则可祭祀的对象多，六冕等级制与之有密切关系。由于特定祭祀用特定冕服，地位高者可祭祀对象多，则可使用的冕服种类也多；进而由于同样祭祀使用同样冕服，由此就形成了“如王之服”。

进而，祭祀等级制又是以“等级君主制”为基础的。在等级君主制下，君臣等级差距相对较小，君臣关系具有相对性，六冕礼制的“君臣通用”和“如王之服”的特征，就是这种相对性的体现。最后，周代可能还有另一种制度：特定祭祀使用特定祭服，那也是六冕制度的来源之一；《周礼》把它发扬光大了，把它弄成了一种整齐的等级祭服制。概而言之，我们尝试从等级祭祀制、等级君主制和等级祭服制三者，探讨和揭示《周礼》六冕结构的生成。

一、《周礼》六冕的结构特征：“君臣通用”和“如王之服”

《周礼》所记载的六冕制度包括六种冕服，即大裘冕、衮冕、鷩冕、毳冕、絺冕及玄冕。天子在六种祭祀中分服“六冕”之一，同时诸侯和诸臣也按等级服冕。新莽政权搞礼制复古，其时古冕被采用了。魏晋以下，《周礼》六冕对王朝冕制的影响与日俱增。唐初的冕服等级以《周礼》为本，结果发生了一个咄咄怪事：在某些祭典上，臣下冕服的等级居然高于皇帝；在祭日月时，皇帝的冕服等级竟只相当于五品官，其时一品官到四品官的冕服等级都比皇帝高。最后连大臣都上疏抗议了，说是“君多臣少，殊为不可！”这种礼制等级君低臣高、“君臣冕服等级倒置”的现象，在中国礼制史上是非常罕见的。之所以发生这种咄咄怪事，就在于《周礼》六冕制度的特殊等级结构。

不久前我有一篇长文，论述《周礼》六冕对历代冕服制的影响。文中指出，《周礼》六冕的结构特征，在于“君臣通用”和“如王之服”，即：冕天子可服，诸侯与诸臣也能服，只不过所服种类较少、依次而降而已。这样就形成了一种“多列式”的冕服结构。若天子服冕依祭祀而异，臣下服冕却依身份而异，则在等级较低的祭祀上，就会出现“君臣冕服等级倒置”的怪事情。至于《周礼》六冕为什么能“君臣通用”、为何呈现出“如王之服”特征，我认为那是周代“等级君主制”的折射。①

《周礼》六冕等级是什么情况呢？请看《周礼·春官·司服》：

> 王之吉服：祀昊天上帝，则服大裘而冕，祀五帝亦如之。享先王，则衮冕。享先公、飨、射，则鷩冕。祀四望山川，则毳冕。祭社稷、五祀，则絺冕。祭群小祀，则玄冕。凡兵事，韦弁服。视朝，则皮弁服。凡甸，冠弁服。
>
> 公之服，自衮冕而下，如王之服。侯伯之服，自鷩冕而下，如公之服。子男之服，自毳冕而下，如侯伯之服。孤之服，自絺冕而下，如子男之服。卿大夫之服，自玄冕而下，如孤之服。士之服，自

① 拙作：《宗经、复古与尊君、实用——中古〈周礼〉六冕制度的兴衰变异》，《北京大学学报》2005年第6期，2006年第1、2期。

皮弁而下，如大夫之服。①

第一条说明，天子九服，冕居其六，天子依六种不同祭祀分服六冕之一；第二条显示，诸侯(即公侯伯子男)、诸臣(即公卿大夫士)也依等级服冕。由此可以列出两表：

《周礼》六冕等级表一

天子	大裘冕	衮冕	鷩冕	毳冕	絺冕	玄冕	诸弁
公		衮冕	鷩冕	毳冕	絺冕	玄冕	诸弁
侯伯			鷩冕	毳冕	絺冕	玄冕	诸弁
子男				毳冕	絺冕	玄冕	诸弁
孤					絺冕	玄冕	诸弁
卿大夫						玄冕	诸弁
士							诸弁

《周礼》六冕等级表二

天子依祭祀服冕	六冕	臣下依爵命服冕
祀昊天上帝、五帝	大裘冕	
享先王	衮冕	公
享先公、飨、射	鷩冕	侯伯
祀四望山川	毳冕	子男
祭社稷、五祀	絺冕	孤
祭群小祀	玄冕	卿大夫

① 《十三经注疏》，中华书局1980年版，第781页中栏，第783页上栏。

由第一表看，六冕（及三弁）等级呈现为一个倒置的直角三角形。地位高则可服用的冕服种类多，地位低则可服用的冕服种类少，然而他们有共通的冕服。公有八服同于天子，侯伯有七服同于天子，侯伯有六服同于天子……。这就是“君臣通用”和“如王之服”。这个表有一个横向的宽度，不仅有若干行，还有若干列。可以拿它比较东汉的冕服之制。东汉制度，天子衮冕十二旒十二章，公侯七旒七章，卿五旒五章，若将之列表，就只能形成一个纵列了。对这两种不同结构，《周礼》的可称“多列式”，东汉的可称“单列式”。

第二表可以展示君臣倒置的原因所在。以最低等的“群小祀”为例，其时天子依祭祀种类而服玄冕，其时助祭的诸侯、诸臣若依自身地位服冕，即公服衮冕、侯伯服鷩冕、子男服毳冕、孤服絺冕，则其冕服等级都高于天子。这就是“君臣冕服等级倒置”的来历。

然而，拙文叙述的时段主要在中古时代，对周朝冕服“如王之服”的特点及其与“等级君主制”关系的论述还很简单，虽有提示但未暇深论，就转入汉朝以后的各代冕服了。《周礼》六冕那种等级安排，是在什么样的文化和政治背景中滋生的？为什么会形成那种“君臣通用”的结构特征？本文目的，就是对六冕等级制度之“如王之服”特征做专门讨论，以令这个环节上的判断稍为充实和坚实一些。

我们将陆续提出如下推断：周代存在着一种“等级祭祀制”，地位高则可祭祀的对象多，地位低则可祭祀的对象少，

"等级冕服制"的结构特征，与之有密切关系；祭祀等级制又是以"等级君主制"为基础的，二者的结合，体现了中国早期祭祀权力与军政权力之合一；在后儒的礼制规划中，诸侯与诸臣之冕服被说成是"助祭"之服，而从社会风俗史的演进规律推测，它们也曾是诸侯与诸臣的主祭之服，是与"等级祭祀制"相一致的。

二、等级冕服制与等级祭祀制

先秦的很多礼节，都遵循着严格的数列，体现了一种特别的"数理逻辑"，例如十二、九、七、五、三、一，或八、六、四、二、一之类。这跟中国古人习惯用"数"的神秘排列组合来表示宇宙秩序的世界观，应有密切关系。中国古代的巫术，就是特称"数术"的。同时这种数列手段还有一种管理的意义，它明快清晰，提供了一种描述制度手段或结构的简化方式。那些礼制数列含有一种对人的假定，即：第一，人——自然人——是同等的，所以相关数列所针对的也是同一节目，例如同样是庙，同样是鼎，同样是旒，同样是章，等等；第二，社会角色就不是同等的了，所以在人进入社会角色，在一元化的角色体制中各就其位后，就得在同一类的节目上分出高下来。很多社会都曾出现过服饰等级，但呈现鲜明"数字化"特征，尤其是拥有复杂数列结构的，却不多见。"数字化"反映了君主认为他有能力维系数列等级，尽管实际上未必——那在早期社会毕竟是不容易的；同时臣民也乐于接受“数字化”管理。正是为此，早期礼制的数列形式就具有了特殊意义，它们是生活、地位和级差的直接反映，可供观察时代特征及其变迁。王夫之就从中看到了更深层的东西：“古之天子虽极尊也，而与公侯卿大夫士受秩于天者均。故车服礼秩有所增加，而无所殊异。天子之独备者，大裘、玉辂、八佾、宫县而已；其余且下而与大夫士同，昭其为一体也。”①

我们认为，《周礼》六冕的“如王之服”，同样体现了“昭其为一体”的政治精神。所以我们对冕服礼制，采用了一种前人使用不多的研究方法，即等级结构形式的“数字化”考察。《周礼》六冕呈现为一种复杂数列，它不仅纵向递减，还有一个横向的宽度。就算《周礼》成书较晚，其六冕制度不等于周代实情，然而诸冕的结构安排却是事出有因的。《周礼》六冕是分等使用的，其所涉等级有二：祭祀等级和身份等级。这两种等级，就是探求其“如王之服”特性的又一条线索。

六冕对应着六等祭祀，而这种等级祭祀之制，史料中有更多的记载。请看：

> 是故天子祀上帝，公侯祀百辟，自卿以下不过其族。(《国语·晋语八》。韦昭注“百辟”：以死勤事，功及民者②。)

---

① 王夫之：《读通鉴论》卷八《桓帝》，中华书局 1975 年版，上册第 210 页。

② 《国语》，上海古籍出版社 1978 年版，上册第 478 页。

天子遍祀群神品物，诸侯祀天地、三辰及其土之山川，卿大夫祀其礼，士、庶人不过其祖。(《国语·楚语下》。韦昭注：三辰，日、月、星。祀天地，谓二王之后，非二王之后，祭分野星、山川而已。礼，谓五祀及祖所自出。祖，王父也①。)

天子祭天地，祭四方，祭山川，祭五祀，岁遍。诸侯方祀，祭山川，祭五祀，岁遍。大夫祭五祀，岁遍。士祭其先。(《礼记·曲礼》)

天子祭天地，诸侯祭社稷，大夫祭五祀。天子祭天下名山大川：五岳视三公，四渎视诸侯。诸侯祭名山大川之在其地者。……天子社稷皆大牢，诸侯社稷皆少牢。(《礼记·王制》)

有天下者祭百神，诸侯在其地则祭之，亡其地则不祭。(《礼记·祭法》)

郊止乎天子，而社止于诸侯，道及士大夫，所以别尊者事尊，卑者事卑，宜大者巨，宜小者小也。(《荀子·礼论》。"道"通"禫"，除去丧服之祭②。)

天子祭天，诸侯祭土。天子有方望之事，无所

① 《国语》，上海古籍出版社1978年版，下册第569页。

② 对《荀子·礼论》"道及士大夫"一句中的"道"字，诸家所释不同。本文释"禫"，是用钱大昕说。参看王先谦《荀子集解》，中华书局1988年版，下册第350—351页。北京大学《荀子》注释组的《荀子新注》亦释"禫"，中华书局1979年版，第311页。释"禫"可与"自卿以下不过其族"、"卿大夫祀其礼"("谓五祀及祖所自出")等说法相呼应。

不通。诸侯山川有不在其封内者，则不祭也。……三望者何？望祭也。然则曷祭？祭泰山、河、海。（《公羊传》僖公三十一年）

这些说法，大抵都可以跟《周礼》中的祭祀等级相参证。《国语·楚语下》中说“诸侯祀天地”，好像跟“天子祭天地”的原则相左，不过韦昭已指出那特指“二王之后”了，即杞国和宋国。[①]《国语·鲁语下》：“仲尼曰：山川之灵，足以纪纲天下者，其守为神；社稷之守者，为公侯。”也显示诸侯只可以祭祀山川、社稷。《论语·八佾》：“季氏旅于泰山。子谓冉有曰：‘女弗能救与？’对曰：‘不能！’子曰：‘呜呼！曾谓泰山不如林放乎？’”季氏只是大夫，所以“季氏旅于泰山”不合古礼。春秋时鲁国曾多次郊天[②]及“大雩”，据说那是周成王为酬答周公的功绩而给予鲁国的特权[③]。当然对这说法也有质疑，质疑

① 《礼记·礼运》：“子曰……杞之郊也，禹也；宋之郊也，契也；是天子之事守也。故天子祭天地，诸侯祭社稷。”孙希旦云：“杞、宋，天子之后，故王命之郊，以守其先世之事。”见其《礼记集解》卷二一，中华书局1989年版，第589页。

② 如《春秋》僖公三十一年：“夏四月，四卜郊，不从，乃免牲。犹三望；”宣公三年：“春，王正月，郊牛之口伤，改卜牛。牛死，乃不郊。犹三望”；成公七年：“春，王正月，鼷鼠食郊牛角”，“不郊，犹三望”；成公十七年：“九月辛丑，用郊”；等等。

③ 《礼记·明堂位》：“成王以周公为有勋劳于天下，是以封周公于曲阜，地方七百里，革车千乘，命鲁公世世祀周公以天子之礼乐。是以鲁君，孟春乘大路，载弧韣；旂十有二旒，日月之章；祀帝于郊，配以后稷，天子之礼也。”又《史记》卷三三《鲁周公世家》：“成王乃命鲁得郊，祭文王，鲁有天子礼乐者，以褒周公之德也。”

者包括孔子[①]，《公羊传》还有“鲁郊非礼”之说[②]。

对这种制度，我们姑称为“等级祭祀制”。中国的天地、先王、先公、山川、社稷、五祀等祭祀，其起源都应十分古老。新石器时代后期，已有很多的祭坛遗址被发现了，学者认为这是国家诞生、文明降临的前奏。商王从事着很多祭祀[③]。周族在始祖后稷时已祭祀上帝了[④]。周朝祭礼又大为完备，灿然可观[⑤]。周族重礼，尤重祭礼，以致刘师培先生说：“古代礼制悉赅于祭礼之中，舍祭礼而外无典礼。”[⑥]祭祀等级

---

① 《礼记·礼运》载孔子云：“鲁之郊禘，非礼也，周公其衰矣！”

② 《春秋》僖公三十一年(前629年)：“夏四月，四卜郊，不从，乃免牲。犹三望。”《公羊传》：“卜郊，非礼也。卜郊何以非礼？鲁郊，非礼也。鲁郊何以非礼？天子祭天，诸侯祭土。”陈戍国先生说：“公羊氏又认为郊乃天子之事，鲁侯根本不应该行此礼。”见其《中国礼制史》先秦卷，湖南教育出版社1991年版，第308页。但依何休说，“鲁郊非礼”有特定含义：“以鲁郊非礼，故卜尔。昔武王既没，成王幼少，周公居摄，行天子事，制礼作乐，致太平，有王功。周公薨，成王以王礼葬之，命鲁使郊，以彰周公之德，非正故卜，三卜，吉则用之，不吉则免牲。”对鲁国因周公而得祭天，《公羊传》应是知道的；在何休看来，“鲁郊非礼”只是说鲁郊不是正礼，故需“卜郊”，即行礼之前以占卜决之。《公羊传》后文又云：“天子有方望之事，无所不通。诸侯山川有不在其封内者，则不祭也。……三望者何？望祭也。然则曷祭？祭泰山、河、海。……何以书？讥不郊而望祭也。”这“讥不郊而望祭也”一句，就说明《公羊传》承认了鲁郊的资格；“讥”是因年鲁国未行郊天却又祭祀“三望”(泰山、河、海)，如何休云：“讥尊者不食，而卑者独食。”天帝未能享用牺牲，泰山、河、海反而享用了。可见，《公羊传》并不认为“鲁侯根本不应该行此礼”。

③ 参看陈梦家：《殷墟卜辞综述》，中华书局1988年版，第17章“宗教”；晁福林：《论殷代神权》，《中国社会科学》1990年第1期。

④ 《诗·大雅·生民》：“上帝居歆，胡臭亶时；后稷肇祀，庶无罪悔。”

⑤ 可参杨宽：《西周史》，上海人民出版社1999年版，第12章“重要祭礼简释”，第830页以下。

⑥ 刘师培：《古政原始论》第十《礼俗原始论》，《刘申叔遗书》，江苏古籍出版社1997年版，第683页。

之制，大概经历了漫长的形成过程。

兹将几种记载列表如下，以便比较：

三种古籍中的祭祀等级

<table>
<tr><th colspan="2">《周礼》</th><th colspan="2">《礼记》</th><th colspan="2">《国语》</th></tr>
<tr><td>天子</td><td>昊天上帝、五帝</td><td>天子</td><td>天地、山川、社稷、五祀、(其先)</td><td>天子</td><td>群神百物</td></tr>
<tr><td>公</td><td>先王</td><td rowspan="3">诸侯</td><td rowspan="3">山川、社稷、五祀、(其先)</td><td rowspan="3">诸侯</td><td rowspan="3">三辰、山川</td></tr>
<tr><td>侯伯</td><td>先公、飨、射</td></tr>
<tr><td>子男</td><td>四望山川</td></tr>
<tr><td>孤</td><td>社稷、五祀</td><td rowspan="2">大夫</td><td rowspan="2">五祀、(其先)</td><td rowspan="2">卿大夫</td><td rowspan="2">五祀及祖</td></tr>
<tr><td>卿大夫</td><td>群小祀</td></tr>
<tr><td>士</td><td></td><td>士</td><td>其先</td><td>士</td><td>祖</td></tr>
</table>

这种祭祀等级制本身倒不算奇特。比如东非洲的巴干达人，既崇奉祖先的鬼魂，每个氏族还各有各的神道，此外还有全国共同敬奉的保国佑君的神道。[①] 关键是它跟祭服等级的关系。面对着这份表格，回头再看《周礼》的“如王之服”，猜想不禁油然而生了。天子的祭服因等级而异，那么诸侯与诸臣“如王之服”，是否与“等级祭祀制”相关呢?《礼记》和《国语》显示，天地、山川社稷、五祀、祖先为四等祭祀；而我们明明看到，这四等祭祀的排列样式与《周礼》六冕的排列是“同构”的，都是一个倒置的直角三角形。假设这四等祭祀分用A、

① 路威：《文明与野蛮》，三联书店1984年版，第221页。

B、C、D 四种祭服，则天子祭服有四：A、B、C、D；诸侯祭服有三：B、C、D；卿大夫祭服有二：C、D；士之祭服有一：D。那恰好不就是《周礼》六冕“如王之服”的排列样式么？

所以我认为，“等级祭祀制”就是《周礼》六冕“如王之服”的背景：之所以“公之服，自衮冕而下，如王之服”，是以公可祭先王以下为前提的；之所以“侯伯之服，自鷩冕而下，如公之服”，是以侯伯可祭先公以下为前提的；之所以“子男之服，自毳冕而下，如侯伯之服”，是以子男可祭山川以下为前提的；之所以“孤之服，自絺冕而下”，是以孤可祭五祀以下为前提的；之所以“卿大夫之服，自玄冕而下，如孤之服”，是以卿大夫可祭群小祀以下为前提的。

简言之，等级冕服制源于等级祭祀制。我们把相关推理总结如下：第一，《周礼》显示天子祭祀有等级，天子祭服也有等级，二者相应；第二，其他材料又显示，天子、诸侯、诸臣祭祀遵循着共同的等级；第三，我们进而判断诸侯、诸臣的祭服，也遵循着类似的共同等级。

这时候可以附带提及，还有一种礼制也很有意思，不妨参考，这就是列鼎制度。《公羊传》桓公二年何休注：“礼，祭，天子九鼎，诸侯七，卿大夫五，元士三也。”《周礼·秋官·掌客》：列国国君宴飨天子“鼎、簋十有二”，郑玄注：“正鼎九，陪鼎三。”就考古发掘所见，学者们发现了周代存在着九鼎八簋、七鼎六簋、五鼎四簋、三鼎二簋、一鼎一簋或无簋的列鼎制度。2003 年初，陕西眉县出土了十件列鼎，学者称还须进一步研究。对用鼎的等级规则，学者们已有了很多讨论[①]。李玉洁先生指出，殷商与东夷、楚国用鼎多为偶数，周代逐渐采用奇数，并在西周中后期出现列鼎，在春秋形成普遍性的列鼎制度。

李玉洁先生也认为用鼎取决于身份地位，如天子、列国诸侯用九鼎，卿相太子用七鼎，中等贵族用五鼎，士用三鼎至一鼎；但他还有个看法值得注意：用鼎取决于宴飨和祭奠的规格。一个墓葬中往往出土多套列鼎，比如七列鼎与五列鼎同出一墓，这说明什么呢？“说明墓主人既可以使用高一级的列鼎，又可以使用低一等规格的列鼎。那么何时使用鼎的最高规格组合，何时使用次一级的组合呢？那又跟宴享或祭奠的规模有关了。诸侯国君在接待周天子或其他国君来访，或在最隆重的祭典中，要使用鼎的最高的组合形式；反之，在一般的小型宴享或祭祀中，有可能使用较低规格的鼎的组合形式。”[②]

---

① 郭宝钧：《山彪镇与琉璃阁》上篇二，科学出版社 1959 年版；杜乃松：《从列鼎制度看“克己复礼”的反动性》，《考古》1976 年第 1 期；俞伟超、高明：《周代用鼎制度研究》，《北京大学学报》1978 年第 1、2 期，1979 年第 1 期；又俞伟超：《周代用鼎制度研究》，《先秦两汉考古学论集》，文物出版社 1984 年版；北京大学历史系考古教研室编：《商周考古》，文物出版社 1979 年版，第 203 页以下；宋建：《关于西周时期的用鼎问题》，《考古与文物》1983 年第 1 期；李学勤：《东周与秦代文明》，文物出版社 1984 年版，第 203 页；印群：《论周代列鼎制度的嬗变——质疑春秋礼制崩坏说》，《辽宁大学学报》1999 年第 4 期；杨宝成：《楚国青铜礼器组合研究》，《华夏考古》2000 年第 2 期。林沄先生对用鼎制度的怀疑，见其《周代用鼎制度商榷》，《史学集刊》1990 年第 3 期；等等。

② 李玉洁：《殷周用鼎制度研究》，《文史》第 44 辑，中华书局 1998 年版，第 47 页以下；又收入程民生、龚留柱主编：《历史文化论丛》，河南大学出版社 2000 年版，第 259 页以下。

我们觉得，用鼎规则与用冕规则，是有些相似之处的。都按十二、九、七、五、三的数列排列，是相同的；既因身份而异，又因祭祀(及宴享)等级而异，也是相同的。天子不会事事用十二鼎，国君也不会事事用九鼎。若祭一个小鬼小神什么的，或关起门的家宴之上，也可能有用三鼎、用一鼎的。若把李先生所叙两点综合考虑，就很有意思了。能否假设：天子可用十二鼎以下，诸侯可以用九鼎以下，卿相可以用七鼎以下，中等贵族用五鼎以下，士用三鼎以下呢？我们特别标明是“以下”，即如下表：

身份与列鼎对照表

身份	列鼎					
天子	十二鼎	九鼎	七鼎	五鼎	三鼎	一鼎
列国诸侯		九鼎	七鼎	五鼎	三鼎	一鼎
卿相、太子			七鼎	五鼎	三鼎	一鼎
中等贵族				五鼎	三鼎	一鼎
士					三鼎	一鼎

请看，这也是个“多列式”，它与《周礼》六冕的等级结构，真是很相像的。这种相似性又如何解释呢？我以为，仍应用王夫之所云“公侯卿大夫士受秩于天者均，故车服礼秩有所增加，而无所殊异”来解释。类似的礼制安排，其实还能找到，它们都滋生于周代的特定等级体制之中。

三、等级祭祀制与等级君主制

周人有言："国之大事，在祀与戎。"[①]这意味着祭祀权力和军事权力，是早期政权最重要的两种权力。"政由宁氏，祭则寡人"[②]这样的话，显示祭祀是政权的象征，是国君不能放弃的最后底线，"祀，国之大事"[③]。当然也可以说，国君已无力掌"戎"、无望控制军政实权了，只好退一步而求其次，虚守社庙祭祀的空名而已，那么"戎"即军事权力，才是"祀"即祭祀权的坚实基础。"失守宗庙"等于亡国，灭人之国要"毁人宗庙"。而祭礼的歌舞之上，又常常能感受到浓厚的军事意味。

周代有一种《大武》之舞，用于各种大祭祀（及大射、视学、养老及宴会诸侯）[④]。《大武》是干戚之舞，以兵器为舞具。《礼记·明堂位》："朱干玉戚，冕而舞《大武》"；又《礼记·

① 《左传》成公十三年。

② 《左传》襄公二十六年。

③ 《左传》文公二年。

④ 《大武》的情节场景，学者多有讨论。参看王国维：《释乐次》《周大武乐章考》，《观堂集林》卷二，河北教育出版社 2003 年版，第 36、48 页以下；高亨：《周代"大武乐"的考释》，《山东大学学报》1955 年第 2 期；高亨：《诗经今注》，上海古籍出版社 1980 年版，第 480—481 页；阴法鲁：《诗经中的舞蹈形象》，《舞蹈论丛》1982 年第 4 期；杨向奎：《宗周社会与礼乐文明》，人民出版社 1997 年版，第 342 页以下。近年杨华先生对《大武》场景及其军事来源又有详细讨论，见其《先秦礼乐文化》，湖北教育出版社 1997 年版，第 127 页以下。

祭统》：“及入舞，君执干戚就舞位，君为东上，冕而揔干，率其群臣，以乐皇尸。”天子头戴冕、手持干戚，群臣及士子也戴冕、持干戚，共同起舞。20世纪60年代湖北荆门出土一件铜戚，上有铭文“大武棋兵”①，1994年相邻地区又发现了一青铜戚，也有“大武□兵”字样②。二者均无锋刃，非实用器物，学者认为就是《大武》舞具。

为什么说群臣、士子也参舞呢？《大武》六章，是模仿周武王伐纣场面的；又武王伐纣时曾有“前歌后舞”景象，学者释为军事操演。③ 征伐也好，操演也好，理应将士共同参与，进而《大武》也应君臣共舞。《大武》又有八佾舞队，舞者来自国子，即贵族子弟。国子们在学校中学习的舞蹈，就有干戚之舞、干戈之舞。那些舞蹈用于祭祀和礼乐，但也有军训的意思，战争爆发之时，国子们是要组队从征的。

为什么说群臣、士子都戴冕呢？因为与武舞相配的礼帽就是冕。汉高祖宗庙所用《武德》之舞，东汉祭祀所用《云翘》之舞，曹魏祭祀所用《武始》之舞，都是这种干戚之舞。而《云翘》舞人戴爵弁，爵弁一名冕，其实就是无旒的冕。《续汉书·舆服志下》：“爵弁，一名冕。……祠天地五郊明堂，《云

---

① 王毓彤：《文物简讯·荆门出土的一件铜戈》，《文物》1963年第1期，第64页以下；俞伟超：《“大武开兵”铜戚与巴人的大武舞》，《考古》1963年第3期，第153页以下；马承源：《关于“大武戚”的铭文及图像》，《考古》1963年10期，第562页。

② 傅天佑、郑家茂：《新发现的“大武”青铜戚》，《中国文物报》1994年12月25日第3版。

③ 汪宁生：《释“武王伐纣前歌后舞”》，收入《古俗新析》，敦煌文艺出版社2001年版。

翘》舞乐人服之。《礼》曰：'朱干玉戚，冕而舞大夏。'此之谓也。"同书《礼仪志》："冕而执干戚，舞《云翘》《育命》。"又曹魏《武始》之舞，用于祭祀则戴平冕，用于朝廷则改为武冠，可见冕有"武"的意义。西汉《武德》，用于象征刘邦的武功[1]；曹魏《武始》，用于象征曹操的武功[2]。

许进雄先生认为最早的冕是高帽子，而且是军帽，作用是使指挥官在战场上醒目易见，且与保护头部的头盔有关。[3]马叙伦先生先有其说了，他也说冕是"首铠"，认为冕作筒形，就是为了保护头部。《尚书·顾命》中所见的冕，除了周王、诸侯、诸臣所戴"麻冕"外，还见于这样的场景："一人冕执刘，立于东堂；一人冕执钺，立于西堂；一人冕执戣，立于东垂；一人冕执瞿，立于西垂；一人冕执锐，立于侧阶。"马先生云："此皆执兵器以宿卫者，岂有冠垂旒之冕之理乎，明是首铠也。"[4]《大武》之类冕而舞干戚的景象，提升了"冕为军

---

① 《汉书》卷二二《礼乐志》："《武德》舞者，高祖四年作，以象天下乐己行武以除乱也。"孟康注："《武德》者，其舞人执干戚。"

② 据《宋书》卷一九《乐志一》，曹魏祀圆丘以下，《武始》舞者戴平冕，《咸熙》舞者戴委貌冠，《章斌》兼用二冠；太祖曹操庙用《武始》，象征武功；高祖曹丕庙用《咸熙》，象征文治；烈祖曹睿庙用《章斌》，象征文质彬彬；若奏于朝廷，则《武始》改为武冠，《咸熙》改为进贤冠。

③ 许进雄：《古事杂谈》，商务印书馆1997年版，"王为什么戴高帽"条，第183页以下。"戴高帽本是庆会以外，为指挥作战的临时设施，它慢慢演变为象征权威的常服，同时它也被改良成保护头部的盔胄。甲骨文的免字就作一人戴头盔状。戴头盔本是武士的殊荣，作战的装备。后来非武士成员掌权后也可戴冠，于是再进一步改变为行礼时戴的各种冠冕了。"

④ 马叙伦：《说文解字六书疏证》，转引自李圃主编：《古文字诂林》，上海教育出版社2002年版，第7册第100页。

帽说"的可信度。《大武》在周代祭祀乐舞中地位崇高，其"历史保真度"也一定很高，其"发扬蹈厉"能够折射出伐纣的真实景象。手持干戚生死相搏，那"冕"会是典雅雍容的礼冠旒冕么？不嫌缀旒遮蔽视线么？除《周礼》外，先秦文献很少提到冕旒，冕旒的产生及其等级化，似是很晚的事情。

周代贵族名位是通过册命礼获得的，册命礼上天子要向官员赐物，包括赐命服。然就金文所见，命服中的"冕"是很暧昧的，被指为"冕"的字都大有疑问；奇怪的是，赐"胄"的情况倒很明晰。例如《麉簋》《十五年走昔曹鼎》中的赐胄，及《小盂鼎》所赐"贝胄"，《伯晨鼎》所赐"虢胄"。它们恰好都跟兵器——如干戈——同赐，而干戈正是武舞的舞具。汉代有加"九锡"之制，它来自周代册命赐物制度。王莽加"九锡"时所得赐物很有趣，既有"绿韨衮冕衣裳"，也有与"朱钺、金戚"相配套的"甲胄一具"。[1] 刘师培先生指出新莽之制多近古[2]，我们也觉得王莽九锡颇为近古：既赐衮冕，又赐甲胄。不妨把它跟册命金文中的赐胄记载联系起来。汉人云九锡中"衣服"一项包括衮冕，但王莽不知从哪儿又看到古代册命有赐胄的；想来王莽是个贪大求全的人，就把衮冕和甲胄二者

① 《汉书》卷九九上《王莽传上》。

② 刘师培：《西汉周官师说考》，《刘申叔遗书》，江苏古籍出版社 1997 年影印本，第 169 页。

都列入九锡了。曹操和孙权加九锡，就只有衮冕，而无甲胄了[①]。早期“冕”“胄”概念大概相当宽泛，“冕”也有防护头部的功能。而早期社会全民皆兵，身份地位与军功相关，大小首领同时又是军事首领。那么军帽成为身份标志、成为一种“命服”，在册命时作为赐物，乃是顺理成章的。大小首领以冕标志地位，也戴冕主持祭祀，军帽也用作礼帽、祭服。后来礼乐文化逐渐发达，某些圆筒形军帽继续礼仪化，加綖版、加玉旒，最终成为礼帽，与胄明确区分开来了。《左传》僖公二十八年所见，晋侯在册命礼上得到了“大辂之服”和“戎辂之服”两套命服，二者大概就是礼服与军服之别。总之，爵弁序列的冕，即圆筒上加长版样式的冕，最初恐无长版，倒可能跟军帽有关。金文中“冕”之所以暧昧，可能是与“胄”混为一谈了。

《荀子·乐论》：“执其干戚，习其俯仰屈伸，而容貌得庄焉；行其缀兆，要其节奏，而行列得正焉，进退得齐焉。故乐者，出所以征诛也，入所以揖让也；征诛、揖让，其义一也。出所以征诛，则莫不听从；入所以揖让，则莫不从服。”荀子依然明白干戚之舞有“征伐”之义，后人对这一点就不甚了了了。那么祭祀乐舞上“冕而揔干”的景象，就是极富暗示

① 魏公曹操所受九锡之赐，为大辂、戎辂各一，玄牡二驷；衮冕赤舄；轩县、六佾；朱户、纳陛；虎贲；铁钺各一；彤弓一，彤矢百；玈弓十，玈矢千；秬鬯一卣，珪瓒。见《三国志》卷一《魏书·武帝纪》。魏文帝加孙权九锡，见《三国志》卷四七《吴书·吴主传》。

意味的。许多民族的祭司和萨满都有其特殊装束，以与世俗人等区分开来[①]；而在中国古代，我们看到的却是这样的事实：战争赢得了政权，统帅变成了君主，君主主持祭祀，战争场面化为祭祀乐舞场面，兵器用作舞具，军帽用作祭服。

祭礼上的"冕"与"干戚"构成了固定组合。那么我们再看等级祭祀制度。冕服等级和祭祀等级的关系，暗示了各级君权的宗法和礼制来源；而戚斧呢？它们是战士、首领和君主的象征物，良渚墓葬中石斧、石钺、玉钺的层次分化，暗示了社会分层的军事来源。[②] 有些民族的祭司与贵族、军人是分离的阶层，如古印度的婆罗门[③]，古波斯的袄教祭司[④]，古苏美尔的祭司[⑤]。美洲的玛雅王国里，祭司与贵族是两个不同的世袭阶层[⑥]，各有各的保护神[⑦]；印加虽是个政教合一的政权，

---

① 克雷维列夫：《宗教史》，中国社会科学出版社 1984 年版，上册第 89 页。

② 可参看拙作《士大夫政治演生史稿》（北京大学出版社 1996 年版）第 2 章对史前斧钺与士、王关系的讨论。

③ 施治生、徐建新主编：《古代国家的等级制度》，中国社会科学出版社 2003 年版，第 2 章，第 63 页；尼赫鲁：《印度的发现》，世界知识出版社 1956 年版，第 140 页以下；博克：《多元文化与社会进步》，辽宁人民出版社 1988 年版，第 132 页以下。

④ 黄民兴：《中东国家通史 · 伊拉克卷》，商务印书馆 2002 年版，第 74 页以下；李铁匠：《大漠风流：波斯文明探秘》，云南人民出版社 2001 年版，第 48 页以下；布克：《剑桥插图宗教史》，山东画报出版社 2005 年版，第 217 页以下。

⑤ 威尔 · 杜兰：《世界文明史 · 东方的遗产》，东方出版社 1999 年版，第 88 页。

⑥ 林大雄：《失落的文明：玛雅》，华东师范大学出版社 2001 年版，第 60 页以下。

⑦ "伊察姆纳"神是文化和科学知识的创制者，是祭司的保护神；"卡库帕卡特"是战神，是军事贵族的保护神。参看宋瑞芝：《走进印第安文明》，民主与建设出版社 2001 年版，第 81 页。

但祭司自成系统[①]；古巴比伦的祭司，是一个30多个等级构成的专业团体。但也有二者合一的情况，在埃及的古王国时代，法老和大臣曾经都是僧侣[②]，当然后来僧侣还是成了一个专业阶层[③]。美国社会学家普洛格说："许多社会里，宗教权威与政治权威互相交叉，教堂首脑也是国家元首，而在另一些社会里，政治和宗教机构完全不相干。公认的教堂和牧师一般存在于神圣、世俗界限分明，宗教和日常生活相脱离的社会。区分神圣、世俗是复杂的等级社会的典型特征，在采集狩猎的小社会里却很少见。"[④]然而中国的殷周王朝，不能算小型社会吧？殷商提供了一个特例：较大的复杂社会，也可能出现神圣、世俗不分的情况。张光直先生认为在古中国："天，是全部有关人事的知识汇聚之地。……当然，取得这种知识的途径是谋取政治权威。……事实上，研究古代中国的学者都认为：帝王自己就是巫的首领。"[⑤]

我们不怎么赞成"中国君主是祭司"的说法。"巫"是一群专职祭祀人员，君主主祭与专职司祭人员不该视同一事。祭礼上王、臣、士都执干戚。而"士"字是斧形，"王"字也是斧

---

① 沈小榆：《失落的文明：印加》，华东师范大学出版社2001年版，第65页以下。

② 克雷维列夫：《宗教史》，中国社会科学出版社1984年版，上册第86页以下。又伯恩斯、拉尔夫：《世界文明史》第1卷，商务印书馆1987年版，第40页，"当时政教不分。法老的大臣都是僧侣，他本人就是僧侣之长"。

③ 威尔·杜兰：《世界文明史·东方的遗产》，东方出版社1999年版，第139页。

④ 普洛格：《文化演进与人类行为》，辽宁人民出版社1988年版，第572页。

⑤ 张光直：《美术、神话与祭祀：通往古代中国政治权威的途径》，辽宁教育出版社2002年版，第33页。

形，“士”又是贵族之通称。贵族逐渐拥有了礼乐教养，“士”之称呼逐渐有了文化意味。“冕”最初可能有军帽性质，但同时也是礼服，大小首领主祭之时也戴冕，其部属大夫、士也戴冕，或爵弁。在中国古代，武士与祭司不是两个彼此分离的阶层，军政权力与祭祀权力是合一的。随文明不断进化，早期礼制中的军事意味，在后期的“礼乐文化”中淡化了不少了。在“黄帝即位，……戴黄冕，致斋于中宫”①这个历史追忆中，是黄帝戴冕祭祀，而不是黄帝戴冕征伐。“黄帝始制冠冕、垂衣裳”的业绩，也是当作文明进步来传述的。在后来，冕与戚都成了舞具，《大武》也成了礼乐的一种。

人类学家基辛指出：“我们可以找出一个民族所设置的各类超自然事物与其政治组织规模之间的关系。氏族分散的民族就会崇拜每个氏族自己的神灵；拥有集权国家组织的民族就很可能有一个大神或集中化的万神殿。”②恩伯亦云：“人类社会结构的等级范围，从平等的到高度分层的范围，在超自然世界中都可以找到相对应的可比范围。”③祭祀等级，关乎政治体制和政治形态。前述“等级祭祀”制度，是怎么形成的呢？

我们认为，在某个很早很原始的阶段，周族共同体是由众多的分支家族构成的。各分支家族在其领地上各有祭祀活

---

① 《韩诗外传》卷八，屈守元：《韩诗外传笺疏》，巴蜀书社 1996 年版，第 682 页。

② 基辛：《文化 · 社会 · 个人》，辽宁人民出版社 1988 年版，第 403 页。

③ C. 恩伯、M. 恩伯：《文化的变异：现代文化人类学通论》，辽宁人民出版社 1988 年版，第 479 页。

动，各种祭祀又各有相应的祭服。较小较疏远的家族，可以祭祀山川、土神、谷神和群小祀，相应可服三冕；较高较亲近的家族增祭先公，那么就增服一冕；更高更亲的家族又可祭先王，再增一冕；核心家族地位最高，它代表着周族共同体去祭昊天上帝，所以有一冕为其独占。核心家族既占据了宗法和礼制的中心地位，又掌握了号令征伐的最大权力；而早期的各级主祭者，也都既是各分支家族的族长和礼制主持者，又是各分支家族的军事首领，正如周族建立王朝后，诸侯、卿大夫在自己领地之上都是“君”一样。

宋镇豪先生说：“天地神祇也并非所有人都能致祭祈求，甚至连不同的贵族集团，祭祀权的与否，也要据其兴衰存亡而定。……显然它本是一套发于宗族或家族，上达国家的信仰系统，……故在这一信仰系统中，神权也即统治权，是王权政治的组成部分，该一批天地神祇祭祀权的归属，是完全随着政治结构的再组合而游移的。”[①]葛志毅、张惟明先生也指出，天子、诸侯的祭祀超越了族姓祖先，同时天子与诸侯所祭又有区别，“这种区别乃是天子与诸侯在政治地位及权力等级上不同的象征性标志”，“至于卿大夫，则由于推行宗法制的关系，所谓‘大夫士有常宗’，他们的祭祀对象主要被限定在族类亲缘的范围内。”[②]在周族的发展早期，和在封建时代，

---

① 宋镇豪：《夏商社会生活史》，中国社会科学出版社 1994 年版，第 454—455 页。

② 葛志毅、张惟明：《先秦两汉的制度与文化》，黑龙江教育出版社 1998 年版，第 87—88 页。

核心家族与分支家族的关系，并不同于帝制时代的君臣关系。所以这种等级祭祀制度，在帝制时代低落、淡化了。

一些学者用“等级君主制”来定义周代君权。我们也不妨借用这个概念。对周代君权，学者向有专制君主制、封建君主制、等级君主制等等不同提法。使用“等级君主制”概念的，如白刚先生主编的《中国政治制度通史》[①]。又张荣明先生称：“周代国家具有双重特征：一方面具有方国联盟的性质；另一方面具有贵族等级君主制色彩。”[②]又徐中舒先生也称周朝为“君主等级制”，以此与战国秦汉以下的“君主集权制”相区分。[③]“等级君主制”一词，本指西欧封建时代的君主借助等级代表机构实行统治的政体形式，是一种通向绝对君主制(absolutism)的过渡形态，其特点是贵族、僧侣和市民的等级代表会议。刘北成先生概括说：“凡是典型的、纯粹的封建主义，必然是‘等级的所有制’，其统治权是分裂的和分散的，那就不可能有专制主义。”[④]我们不必太拘泥西欧“等级君主制”的本意，姑用“封建等级君主制”指称周代君权，来跟战国以下的“专制集权君主制”相区分。“等级君主制”下的君臣关系，

---

① 白刚主编：《中国政治制度通史》第一卷(总论卷)，人民出版社1996年版，第31页。

② 张荣明：《商周的国家结构与国家宗教》，《社会科学战线》2000年第2期；《殷周政治与宗教》，台湾五南图书出版公司1997年版，第5章。

③ 徐中舒：《孔子的政治思想》，《徐中舒历史论文选辑》，中华书局1998年版，下册第1172页。

④ 刘北成、龚晓庄：《绝对主义国家的谱系·译者序》，安德森：《绝对主义国家的谱系》，刘北成、龚晓庄译，上海人民出版社2000年版。

具有很大的相对性。诸侯对天子是“臣”，在国内是“君”；卿大夫对天子、国君是“臣”，在自己的领地采邑上也是“君”。后世的“皇”与“帝”不能用作常人敬称，不能说“张皇”“李帝”；而“君”却成了日常敬称了，可以说“张君”“李君”，那也是等级君主制的流风遗韵吧。

《周礼》六冕的“如王之服”结构，是由“等级祭祀制”和“等级祭服制”二者结合发展而来的；而它们二者，又可以看成“等级君主制”在礼制上的一个折射。《周礼》六冕以直观的形式，折射出了权力分配的等级形式，和上下相通的等级形态。那么，《周礼》六冕等级就是以周王朝的政治体制为参照的，而不是以战国以下的专制集权体制为参照的。学者多认为《周礼》反映了战国以来的专制集权趋势，现在看那只是一个方面而已，其中也残留着早期政治传统的痕迹。

四、助祭之服或主祭之服

《周礼》六冕，被说成是诸侯、诸臣的助祭之服和朝见天子的礼服；至于他们自祭时如何服冕，后儒又另有说法、另做编排了。这个问题，将影响对祭祀等级与冕服等级关系的判断。在此我们有可能遭遇麻烦，所以有必要予以辨析。对诸侯、诸臣的自祭之服，《礼记·王制》孔颖达疏中有一段概括，兹引其片段：

> 凡此诸侯所著之服，皆为助祭于王；……自在国祭其先君，则皆玄冕，故《玉藻》云“诸侯玄端以祭”，郑云“端当为冕”。其二王之后，祭受命之王，各服已上之服；其自祭余庙，与诸侯同。……卿絺冕，大夫玄冕，士爵弁也，此服皆谓助祭君也；若其自祭，则皆降焉。诸侯士则玄端，大夫则朝服，故《仪礼·特牲》士祭玄端，《少牢》上大夫祭朝服，公之孤爵弁以自祭。故《杂记》云“大夫冕而祭于公，弁而祭于己。士弁而祭于公，冠而祭于己”。郑注云“爵弁而祭于己，唯孤尔”，其天子卿大夫则无文。诸侯当玄冕以祭，其孤卿之等当爵弁也，大夫则皮弁。知者，以诸侯大夫朝服自祭，故知天子大夫亦用朝服自祭，朝服则皮弁。……诸侯玄冕而祭，天子孤卿及公之孤卿爵弁而祭，天子大夫皮弁而祭之。①

这个概括，来自郑玄之说，及郑玄立论所依据的经典。其要点大略如下：

1.《周礼·司服》所列诸侯、诸臣冕服等级，只适用于助祭而不适用于自祭。

2. 诸侯自祭其先君，用玄冕。

3. 二王之后(即如殷朝之后宋国、夏朝之后杞国)，祭其

① 《礼记正义》，《十三经注疏》，中华书局1980年版，第1327页上栏。

受命之王(如夏禹、商汤)时可用王礼；自祭祖庙，仍用玄冕。

4. 诸侯国的孤卿大夫自祭之时，孤爵弁，大夫朝服(皮弁)，士玄端。

5. 其天子孤卿大夫，经典无文，推算同于诸侯国的孤卿大夫。

准此，则诸侯、诸臣自祭其庙的冕服就是另一种情况，其等级大大低于其助祭之服了。这与前面对冕服等级与祭祀等级的推断，看起来是不一致的。因为我们在二者间建立的联系，是以诸侯、诸臣主祭为基础，而不是以其助祭为基础的。假如那种“如王之服”的结构只适合于助祭，前面的推论就全部落空了。

尽管后儒有这样的编排，我们依然认为本文的推断是有理由的。上述自祭时之冕服比助祭低，主要是针对祭祖而言的，诸侯、诸臣之祖比天子之祖身份低，那么使用较低冕服，情有可原；但从人类学的角度看，一种结构性安排，例如六冕那种“如王之服”的等级安排，绝不是无源之水。参照历史早期的等级君主制，我推断可能存在着一个阶段，其时不同祭祀用不同冠服，只要从事同样祭祀，就服同样的冠服。若然，则六冕作为诸侯诸臣的主祭之服的情况，是曾经存在过的。下面试来考察“不同祭祀用不同冠服”的礼俗，如果这种礼俗存在，则“从事同样祭祀，则服同样冠服”一点，就有了很大的可能性。

让我们从冕名开始。在面对《周礼》“大裘冕”“衮冕”“鷩冕”“毳冕”“絺冕”“玄冕”那些名称时，读者的第一感觉是什么呢？至少我的第一感觉就是“杂乱”，它们并不遵循共同的命名规律。衮冕以服命名，鷩冕以鸟命名，毳冕以兽毛命名，絺冕以布料命名，而玄冕以颜色命名。这说明它们来源各异，本为不同的冕，形制各有千秋，是后人把它们编排到一起的，而在最初它们可能各有用途。

“毳冕”之“毳”，是动物的细毛。“毳冕五章，虎蜼为首，虎蜼毛浅，毳是乱毛，故以毳为名。”①看来郑众说“毳，罽衣也”是很有道理的。贾公彦疏：“案：《尔雅》云‘毛牦谓之罽’，则续毛为之，若今之毛布，但此毳则宗彝，谓虎蜼。而先郑以为罽衣，于义不可，故后郑不从也。”②仅就虎、蜼有毳毛而论，虎、蜼还有牙，还有爪，为什么不叫“牙冕”“爪冕”，单单取“毳”为名呢？郑玄又非把“虎蜼”说成是画在宗彝上的虎蜼，更是兜圈子绕远了，并不如郑众径释“罽衣”来得直截。毳冕的真实起源，也许是用毛皮制成或用毛皮装饰的衣帽。董巴《大汉舆服志》：“上古衣毛而冒皮，后世圣人易之以丝麻。”③以皮为帽，源远流长。士冠礼上“三加”之一的皮弁，就是用白鹿皮制成的。“胄”与“冕”相关，许慎说“胄”的异体字有从“革”不从“目”的写法④，皮革也可制胄的，再早还

---

① 《尚书·益稷》孔疏，《十三经注疏》，中华书局1980年版，第142页下栏。

② 《周礼·春官·司服》郑注及贾疏，《十三经注疏》，中华书局1980年版，第781页中栏及下栏。

③ 《太平御览》卷六九〇《服章部七》引，中华书局1984年版，第3079页下栏。

④ 许慎：《说文解字》卷七下引《司马法》，中华书局1963年版，第157页。

可能不用革，直接用毛皮。古书中驱兽而战的记载，胡厚宣先生认为实是战士“头戴猛兽帽、身穿虎皮衣”以威慑敌人[①]。文献中有狐裘、羔裘之类，金文中有“虎裘”[②]。而“大裘冕”的“大裘”据说是黑羊皮的，也是带毛的，不妨说是一种“毳衣”。

再看鷩冕吧。“鷩”是鸟名，即赤雉[③]，有人说这鸟又叫“鵕鸃”[④]。用鵕鸃尾羽装饰的冠称“鵕鸃冠”，据说赵武灵王曾戴这种礼冠临朝[⑤]，汉王朝用它做侍中之冠[⑥]。用羽毛装饰冕的做法，起源非常古老。“有虞氏皇而祭”的“皇”就是羽冠系列的冕，郑玄云：“皇，冕属也，画羽饰焉。”[⑦]那么我们怀疑，鷩冕其实来自“鵕鸃冠”一类的羽冠。还有一种“鹬冠”也是用羽的，据说“鹬”能做天气预报，是一种“知天将雨鸟”[⑧]，

---

① 参看胡厚宣：《甲骨文蒙字说》，收入《甲骨探史录》，三联书店 1982 年版。顾颉刚的《驱兽作战》一文也谈到以兽皮装饰军服，见《史林杂识》卷三〇，中华书局 1963 年版，第 168 页以下。

② 古铭、徐谷甫：《两周金文选》，上海书画出版社 1986 年版，第 146 页；《简明金文词典》，上海辞书出版社 1998 年版，第 193 页。

③ 《说文解字》：“鷩，赤雉也。”中华书局 1963 年版，第 62 页。

④ 《史记》卷一二五《佞幸列传》《索隐》注鵕鸃：“许慎云，鷩鸟也。”又《通典》卷五七《礼十七》释鵕鸃冠：“《仓颉解诂》曰：鵕鸃，鷩，即翚翟，山鸡之属，尾彩鲜明，是将饰冠以代貂。”

⑤ 《淮南子·主术》：“赵武灵王贝带、鵕鸃而朝，赵国化之。”鵕鸃冠应是庄重的礼冠，赵武灵王戴上此冠应有“隆礼”之意，所以才会“赵国化之”。

⑥ 《史记》卷一二五《佞幸列传》：“故孝惠时郎侍中皆冠鵕鸃，贝带。”《索隐》引《汉官仪》：“秦破赵，以其冠赐侍中。”

⑦ 《礼记·王制》郑玄注，《十三经注疏》，中华书局 1980 年版，第 1346 页下栏。

⑧ 许慎：《说文解字》卷四上，中华书局 1963 年版，第 81 页。

所以“鹬冠”用于雩祭。又如“翌”，许慎说它是一种乐舞，舞人用羽蔽首，“以祀星辰也”[①]。“翌”即“皇”之异体，“翌”也指羽冠，是祭祀星辰时戴的。董作宾先生罗列卜辞所见各种祭祀，其中有一种称“翌”，董氏释为舞羽之祭[②]。这些羽冠虽有细微区别但形制相近，在古文献中经常混淆不清。它们向我们透露了一个重要信息，古代确有这种礼俗：特定祭祀使用特定冠服。

古代的祭祀大抵伴以乐舞，而不同乐舞使用不同的服饰和舞具：

> 《周礼·地官·舞师》：掌教兵舞，帅而舞山川之祭祀；教帗舞，帅而舞社稷之祭祀；教羽舞，帅而舞四方之祭祀；教皇舞，帅而舞旱暵之事。
>
> 郑玄注：羽，析白羽为之，形如帗也。四方之祭祀，谓四望也。旱暵之事，谓雩也。暵，热气也。郑司农云：“皇舞，蒙羽舞。书或为翌，或为义。”玄谓皇，析五采羽为之，亦如帗。[③]
>
> 《周礼·春官·乐师》：凡舞，有帗舞，有羽舞，有皇舞，有旄舞，有干舞，有人舞。
>
> 郑玄注：故书“皇”作“翌”。郑司农云：“帗舞

---

① 许慎：《说文解字》卷四上，中华书局1963年版，第75页。

② 《董作宾先生全集·乙编》，台湾艺文印书馆1978年版，第27页。

③ 《周礼·地官·舞师》郑玄注，《十三经注疏》，中华书局1980年版，第721页中栏。

者，全羽。羽舞者，析羽。皇舞者，以羽冒覆头上，衣饰翡翠之羽。旄舞者，牦牛之尾。干舞者，兵舞。人舞者，手舞。社稷以帗，宗庙以羽，四方以皇，辟雍以旄，兵事以干，星辰以人舞。翌读为皇，书亦或为皇。”玄谓帗，析五采缯，今灵星舞子持之是也。皇，杂五采羽如凤皇色，持以舞。人舞无所执，以手袖为威仪。四方以羽，宗庙以人，山川以干，旱暵以皇。[1]

郑众、郑玄对诸舞的解释不太一样，这个不必过多纠缠，总之我们看见了：不同祭祀用不同乐舞，不同乐舞使用不同服饰和舞具，包括不同首饰。例如皇舞，郑众就说是戴“皇”冠的，那是羽冠系列的冕。兵舞与干舞类同，都持兵器，由“朱干玉戚，冕而舞《大武》”的制度推测，兵舞与干舞都应戴冕，戴爵弁系列的冕，即圆筒上加长版的那种冕。

郑玄在解释帗舞时，引证汉制“析五采缯，今灵星舞子持之是也”，“今”指汉朝。由于祭祀乐舞制度是一种古老而强韧的礼俗，汉代祭祀乐舞的冠服用法，确实就有很强的参照意义。那么再看汉制。据《续汉书·舆服志》，《云翘》舞人服爵弁(冕)，《育命》舞人则服“建华冠”，相当于“鹬冠”[2]，可看

① 《周礼·春官·乐师》郑玄注，《十三经注疏》，中华书局1980年版，第793页中栏。

② 《续汉书·舆服志下》：“建华冠，以铁为柱卷，贯大铜珠九枚，制似缕鹿。记曰：‘知天者冠述，知地者履絇。’《春秋左传》曰：‘郑子臧好鹬冠。’前圆，以为此则是也。天地、五郊、明堂，《育命》舞乐人服之。”

成是羽冠系列的冕了。《云翘》以干戚为舞具，《育命》则用羽翟为舞具。张衡《东京赋》：“冠华秉翟，舞列八佾。”[①]“华”即建华冠，“翟”即用作舞具的羽毛。东汉五郊迎气之制，迎春、迎夏舞《云翘》，迎秋、迎冬舞《育命》[②]。此外还有一种“方山冠”，形似进贤冠，也用于特定的祭祀乐舞[③]。

中国早期冠制与后世并不相同，如何用冠，更多取决于所从事的活动，或戴冠者的职类，即从事不同事务的人戴不同的冠。西汉皇帝祭宗庙时戴“长冠”，其时百官执事也戴长冠，因为他们从事同类活动。又，汉代的皇帝戴通天冠，诸侯王戴远游冠；还有一种高山冠，是比千石到比三百石的谒者所戴的[④]，这三种冠帽的样子是很相近的，皇帝有时也戴高

---

① 《文选》卷三，李善注引蔡邕《独断》：“大乐郊祀者冠建华冠。”中华书局 1977 年版，第 59 页。又参龚克昌等：《全汉赋评注》，花山文艺出版社 2003 年版，第 3 册第 502 页注。

② 《续汉书·祭祀志中》，汉明帝永平制度。《志》称此制“采元始中故事”。“元始”是汉平帝年号，其时王莽掌权，“元始故事”出自王莽变法。那么新莽可能也是如此。按《续汉书·郊祀志中》刘昭注引《皇览》云，天子迎春“助天生”，“舞之以羽翟”；迎夏“助天养”，“舞之以鼓鼗”；迎秋“助天收”，“舞之以干戚”；迎冬“助天诛”，“舞之以干戈”。与永平制度不同。查《礼记·文王世子》：“凡学，世子及学士，必时。春夏学干戈，秋冬学羽钥。”《续汉志》所云春夏用《云翘》、用干戚，秋冬用《育命》、用羽钥，是合于《礼记》的。但《皇览》所云春用羽翟、夏用鼓鼗、秋用干戚、冬用干戈之法，与春生、夏养、秋收、冬诛相合，在“天人感应”的考虑上更为周密，也有一得之处。《皇览》是曹魏时编写的类书，所记或为魏制。

③ 《续汉书·舆服志下》：“方山冠，似进贤，以五采縠为之。祠宗朝，大予、八佾、四时、五行乐人服之，冠衣各如其行方之色而舞焉。”

④ 《续汉书·舆服志下》。

山冠[①]。《续汉书·舆服志》的冠服叙述模式就很有特点，可以概括为“以冠统服”，即：先叙某冠，再叙与之相配的服饰，再叙戴这种冠所从事的活动，以及戴这种冠的职官。这跟历史后期的《舆服志》很不相同，保存了更多的古代冠服观念。若说历史后期的礼冠更重视纵向的分等，等级严明，那么也许可以说，历史前期的冠相对更重横向的分类，如职事的分类，包括祭祀的分类。从册命金文及考古数据看，衣裳及服饰的等级性是比较强的，在质料、服色和玉饰上区分明显，但冠帽不全如此。我感觉，周代的各种服冕者确实构成了一个高贵的阶层，但冕本身未必有多强的等级性。这也是一种“如王之服”，也显示了西周君臣等级远不如后世森严高峻。后世的冕以旒数区分等级。而若冕旒确实产生较晚，那么爵弁系列的冕，最初本身的等级性就弱得多了，都是圆筒形，并无可资分等的旒。

大裘冕、衮冕、鷩冕、毳冕、絺冕、玄冕这些名目，或以质料命名，或以形制命名，这暗示它们来源各异，我们推测其用途也是各异的，即被用于不同的祭祀。它们的等级来自祭祀等级，本身却未必有多强的等级性。《周礼》及后代经学家们把它们编排在一起，并用礼学家惯用的“数理逻辑”，将之一体化和“数字化”了，即：以爵弁为准，赋予它们共同的外观，再用若干旒、若干章的数列来别其高下。反过来说，

---

① 《续汉书·舆服志下》注引卫宏《汉旧仪》：“乘舆冠高山冠。”刘昭注：“案此则亦通于天子。”

以章旒区分六冕等级的做法，恐非西周旧制。汉魏不同祭祀使用不同冠服的做法提示我们：不要把那种编排看成真事儿，看成真实的周礼——那只是较晚时期的编排。礼书上记载的很多古礼，都是经过了编排的。

进一步的推论，就是曾有这样一个历史阶段，各种祭祀各有特定仪式和祭具，不论谁祭祀都用那套仪式和祭具。打比方说，山川之祭祀用兵舞，则任谁祭山川都用兵舞；社稷之祭祀用帗舞，则任谁祭社稷都用帗舞。进而谁有资格举行某种祭祀，谁就有资格使用某种冠服。打比方说，某祭祀专用鷩羽之冠服，则天子祭之用鷩羽冠服，诸侯祭之也用鷩羽冠服；某祭祀专用毳毛之冠服，则天子祭之用毳毛冠服，诸侯祭之也用毳毛冠服。换言之，天子主持哪种祭祀，天子就戴哪种冕；诸侯主持那种祭祀，诸侯也戴那种冕；大夫及士，以此类推。当然，在周王朝的“原生礼制”中，特定祭祀使用特定祭具、祭服的制度，很可能相当散漫，只是略具其意而已；但《周礼》作者很有创造力，成心要把它弄整齐了，化腐朽为神奇，令其焕然一新。

后儒对诸冕的编排，并没让真实的历史信息全部湮灭。从人类风俗史的角度、从一种“结构主义”的角度看，那编排仍以另一种方式，展示了特别的历史真实，即“如王之服”的结构特征。面对史料中所能提取到的相关信息，我们的推理是这样的：

1.《周礼》所载等级祭祀制度是存在的。

2.《周礼》所载不同祭祀使用不同冠服的制度是有根据的。

3. 等级高者可祭祀的对象较多，等级低者可祭祀的对象较少。

4. 所以，地位高者所用祭服种类较多，地位低者所用祭服种类较少；但从事同样祭祀则使用同样祭服，由此形成了“如王之服”。

5.《周礼》及后儒把六冕整齐化了，专以章旒别其等级，令等级的外观形式更为严整清晰；但他们只编排了六冕的章旒外观，却没有改变“如王之服”的等级结构。

6. 再后，又有儒者对诸侯、诸臣的自祭之服加以编排，令其低于助祭之服，以示“尊君”崇天子；但我们认为，在此之前，诸冕曾是诸侯、诸臣的自祭或主祭之服。

只有这样，才能给如下问题以最佳解释：为何诸侯、诸臣有那么多种冕服，为何《周礼》不是说某级爵位之人服某冕，而是说“自某冕而下，如某之服”。假如仅仅是助祭的话，诸侯、诸臣只穿代表其身份的最高冕服不就够了吗？公有衮冕就够了，不必使用鷩冕而下；侯伯有鷩冕就够了，也不必使用毳冕而下。为什么要“自某冕而下”呢？其原因就在于，在《周礼》作者的脑海中，各级爵位的拥有者拥有多少冕服，是依他们有资格祭祀的对象之多少而定的。天子可祭祀的种类多，所以祭服种类也多；公侯伯子男的祭祀种类依次而减，所以他们的祭服种类也依次而减。随时光推进、王权强化，后儒针对新的情况做出了新的安排和表述，比如，把诸侯诸臣自祭其祖的冠服等级压低了，那是较后的新说法了。

那么，“等级祭祀制”和“等级祭服制”，就可以看成周代“等级君主制”的一个折射；我们在三者间建立的联系，应能成立。“等级祭祀制”“等级祭服制”和“等级君主制”三者的共同作用，就造成了《周礼》六冕的“如王之服”的结构特征。这就是我们的结论。

（原题《君臣通用与如王之服：〈周礼〉六冕的再考察》，刊于北京大学传统文化研究中心编：《国学研究》第 19 卷，北京大学出版社 2007 年）

图书在版编目(CIP)数据

秩级与服等 / 阎步克著. -- 西安 : 陕西人民出版社, 2021.8

ISBN 978-7-224-14169-6

Ⅰ. ①秩… Ⅱ. ①阎… Ⅲ. ①官制—研究—中国—古代 Ⅳ. ①D691.42

中国版本图书馆 CIP 数据核字(2021)第 091427 号

出 品 人: 宋亚萍
总 策 划: 刘景巍
策划编辑: 王颖华
责任编辑: 杨舒雯
封面设计: 姚肖朋
版式设计: 白明娟

秩级与服等

作　　者　阎步克
出版发行　陕西新华出版传媒集团　陕西人民出版社
　　　　　(西安市北大街 147 号　邮编: 710003)
印　　刷　陕西龙山海天艺术印务有限公司
开　　本　787 毫米 ×1092 毫米　32 开
印　　张　8.625
字　　数　165 千字
版　　次　2021 年 8 月第 1 版
印　　次　2021 年 8 月第 1 次印刷
书　　号　ISBN 978-7-224-14169-6
定　　价　59.00 元
